Referendariat

99 Tipps & Hinweise für ein erfolgreiches Rechtsreferendariat

Referendariat

99 Tipps & Hinweise für ein erfolgreiches Rechtsreferendariat

von

Dr. Michael Berkemeyer

und

Mandy Hrube, LL.M. (Stellenbosch)

http://www.referendarswelt.de

ReferendarFachVerlag 2017

http://www.referendarfachverlag.de

© ReferendarFachVerlag GbR
Wiltrudstr. 18
49377 Vechta

ISBN 978-3-946823-02-5

Vorwort

Man hat nur ein Referendariat. Dementsprechend darf man sowohl bei der Planung des Rechtsreferendariats als auch bei der Vorbereitung auf das 2. Staatsexamen keine Fehler machen, die den Erfolg im Referendariat und im Assessorexamen gefährden könnten.

Hilfreich für ein erfolgreiches Referendariat ist es, auf die Erfahrungen von Juristen, die das Referendariat bereits mit Erfolg absolviert haben, zurückzugreifen. Genau dieses Ziel verfolgt das vorliegende Buch, nämlich: hilfreiche Tipps & Hinweise ehemaliger Rechtsreferendare zu bündeln und den angehenden Referendaren an die Hand zu geben.

In diesem Buch findest Du unter anderem Ratschläge zur Wahl des richtigen Referendariatorts, Tipps für die Auswahl und Gestaltung der einzelnen Stationen im Referendariat und viele hilfreiche Hinweise zur optimalen Vorbereitung auf das 2. Examen. Wir haben dabei versucht, die Tipps & Hinweise einerseits chronologisch in vier Abschnitten und andererseits thematisch in 32 Kapiteln zusammenzufassen.

Das Buch enthält dabei sogar deutlich mehr als die im Titel genannten *„99 Tipps & Hinweise für ein erfolgreiches Rechtsreferendariat"*. Denn neben den derzeit 32 Kapiteln, deren Überschriften für sich bereits als Tipp formuliert sind, finden sich auch im Text eines jeden Kapitels eine Vielzahl an weiteren hilfreichen Tipps & Hinweisen für (angehende) Referendare. Unserer Ansicht nach besonders wichtige Tipps haben wir dabei mit einer Glühbirne als Symbol kenntlich gemacht; weiterführende Hinweise und interessante Informationen haben wir mit einem grauen Kasten hinterlegt.

Wir freuen uns über Dein positives Feedback genauso wie über Deine kritischen Anmerkungen zum Buch, die Du uns gerne per E-Mail an

99tipps@referendarfachverlag.de zukommen lassen kannst. Die Informationen im Buch haben wir mit großer Sorgfalt zusammengetragen. Solltest Du dennoch einen Fehler entdecken, sind wir Dir dankbar, wenn Du uns einen Hinweis an die genannte E-Mail-Adresse sendest.

Das Referendariat ist eine spannende, abwechslungsreiche und schöne Zeit in der Ausbildung eines jeden Juristen. Wir wünschen Dir für Deinen juristischen Vorbereitungsdienst alles Gute und den größtmöglichen Erfolg! Unser mit viel Leidenschaft geschriebenes Buch sowie die darin enthaltenen Tipps & Hinweise werden hoffentlich auch Dir dabei helfen, das Rechtsreferendariat erfolgreich zu gestalten.

Vechta, im November 2017

Inhaltsverzeichnis

Vorwort.. I

Inhaltsverzeichnis...III

Abschnitt 1 – Allgemeine Tipps & Hinweise für die Zeit vor dem Beginn des Referendariats 1

  1 – Die beste Vorbereitung auf das Referendariat ist zu entspannen und die freie Zeit zu genießen 3

  2 – Achte bei der Wahl des Ortes für Dein Referendariat nicht auf das Gehalt oder die Statistiken 7

  3 – Es gibt kein Gericht, an dem die AG besonders gut (oder schlecht) auf das Examen vorbereitet 17

  4 – Nutze die „Ref-Hacks" von Juratopia 21

Abschnitt 2 – Tipps & Hinweise für die Pflichtstationen des Referendariats 25

  5 – Das Referendariat dauert keine zwei Jahre.........................27

  6 – Genieße die Referendarzeit, aber lerne zugleich vom ersten Tag an 33

  7 – Die drei größten Herausforderungen beim Lernen im Referendariat und wie Du sie meisterst.................................37

  8 – Nutze für die Übungsklausuren die Vorauflagen der Kommentare 47

  9 – Verplane frühzeitig Deinen Erholungsurlaub 53

10 – Miete Dir frühzeitig die aktuellsten Kommentare für das Examen...61

11 – Mache eine Steuererklärung...67

12 – Buchtipps für die Zivilrechtsstation...................................73

13 – Buchtipps für die Strafrechtsstation 77

14 – Buchtipps für die Verwaltungsstation 81

15 – Bestehe auf den Studientag in der Verwaltungsstation.................85

16 – Beginne am Anfang der Verwaltungsstation mit dem regelmäßigen Klausuren Schreiben 91

17 – Suche Dir rechtzeitig den für Dich passenden Ausbilder in der Anwaltsstation...101

18 – Nutze die Möglichkeiten der Wahlstation.........................107

Abschnitt 3 – Tipps & Hinweise zur Examensvorbereitung, das schriftliche Examen und die mündliche Prüfung 113

19 – Tipps für die Wahl eines Repetitoriums für die Vorbereitung auf das 2. Examen..115

20 – Das schriftliche Examen ist keine Glückssache 119

21 – Treffe die Entscheidung zu einer Wahlklausur im 2. Examen mit Bedacht 125

22 – Das Abgeben einer fertigen Klausur ist Bestandteil der Prüfungsleistung 129

23 – Lese den Bearbeitervermerk...135

24 – Erlerne die Sprache der Praktiker 139

25 – Mache Dir das „Fehlersystem" im schriftlichen Examen klar 145

26 – Verliere nicht den Mut, wenn Du erstmals durch das Examen fällst 149

27 – Schaue Dir im Vorfeld eine mündliche Prüfung als Besucher an 157

28 – Übe möglichst viele Aktenvorträge für die mündliche Prüfung 163

29 – Zerbreche nicht, wenn Du das Examen endgültig nicht bestehst 169

Abschnitt 4 – Weitere Tipps & Hinweise für die Zeit nach dem Referendariat 175

30 – Melde Dich rechtzeitig arbeitssuchend bzw. arbeitslos 177

31 – Mache Deine gebrauchten Bücher zu Geld 181

32 – Wage den Verbesserungsversuch 185

Abschnitt 1

» **Allgemeine Tipps & Hinweise**

für die Zeit vor dem Beginn des Referendariats

1 Die beste Vorbereitung auf das Referendariat ist zu entspannen und die freie Zeit zu genießen

Eine Frage bekommen wir sehr häufig per E-Mail gestellt: „Was kann ich vor dem Start ins Referendariat tun, um optimal vorbereitet mit dem juristischen Vorbereitungsdienst zu beginnen?" In der Regel zielt diese Frage darauf ab, von uns **Buchtipps zu erhalten** oder zumindest Rechtsgebiete genannt zu bekommen, die man vorab wiederholen sollte. Offenbar fällt es vielen Juristen sehr schwer, einfach fachlich mal nichts zu machen und den Beginn des Referendariats abzuwarten.

Unsere Antwort auf diese Frage ist dennoch immer dieselbe: Genieße die freie Zeit, die Du bis zum Beginn des Referendariats hast, und **erhole Dich von den Strapazen** des gerade absolvierten 1. Staatsexamens!

» Kein langes Warten mehr auf einen Referendariatsplatz

Zwischen der mündlichen Prüfung als Abschluss des 1. Examens und dem Beginn des Referendariats liegen in der Regel nur wenige Wochen. Denn anders als früher spielen nunmehr **Wartezeiten** so gut wie keine Rolle mehr. In nahezu allen Bundesländern erhält man zeitnah nach Abgabe der vollständigen Bewerbung die Zusage für einen Referendariatsplatz. Lediglich in den **Stadtstaaten Hamburg und Berlin** kann es längere Wartezeiten geben.

Übersicht zu den aktuellen Wartezeiten:	
Hamburg:	je nach Note im 1. Examen bis zu 24 Monate
Berlin:	je nach Note im 1. Examen bis zu 16 Monate

Bremen:	je nach Note im 1. Examen bis zu 5 Monate
NRW:	je nach OLG-Bezirk ca. 3-5 Monate
Niedersachsen:	je nach OLG-Bezirk ca. 3 Monate
Brandenburg:	ca. 3 Monate

In allen übrigen Bundesländern bestehen nach derzeitigem Stand keine Wartezeiten.*

Berücksichtigt man, dass man zunächst die **Bewerbung(en) um einen Referendarplatz** zusammenstellen muss und für viele Referendare vor dem eigentlichen Start in den Vorbereitungsdienst noch **Wohnungssuche und Umzug** anstehen, sollte man die verbleibende Zeit bis zum Start ins Referendariat dafür nutzen, sich vom Stress des 1. Examens zu erholen. Das Referendariat selbst wird – je näher das schriftliche Examen rückt – wieder anstrengend genug.

Zudem muss man sich bewusst machen, dass die Monate vor dem Referendariat die wahrscheinlich letzten im Leben sein werden, die man **frei verplanen** kann. Nach dem Referendariat steht der Gang zur Arbeitsagentur an. Und diese ist in der heutigen Zeit erpicht darauf, den arbeitssuchenden Ex-Referendar möglichst schnell in Lohn und Brot zu vermitteln. Nach dem ersten Jobeinstieg schließlich hat man als Arbeitnehmer nur noch die üblichen sechs Wochen Urlaub, die man über das Jahr hinweg nehmen kann; wer sich selbständig macht, wird gerade in der Anfangsphase höchstwahrscheinlich noch weniger Möglichkeiten haben, sich frei zu nehmen.

Es ist wirklich **nicht notwendig**, vor dem Start ins Referendariat bereits Bücher wie Anders/Gehle (als Standardwerk zB in NRW) oder Knöringer

---

* Die aktuellen Zahlen zu den Wartezeiten findest Du stets auf folgender Seite: http://www.juristenkoffer.de/rechtsreferendariat/wartezeiten/

(als Standardwerk in den südlichen Bundesländern) zur Hand zu nehmen. Schon gar nicht sollte man vorab die Skripte der Repetitoren wie Alpmann Schmidt, Hemmer oder Kaiser lesen, da diese nicht zur Erarbeitung des Stoffs, sondern nur zur kompakten Wiederholung vor dem 2. Examen geeignet sind. Vielmehr beginnt die Zivilrechtsstation[*] mit einer **ausführlichen Einführung**, die sich über mehrere Wochen erstreckt. In diesen Einführungswochen erhält man alles Wichtige zur Arbeitsweise von Richtern (insbesondere den Urteilsstil sowie die Relationstechnik) von Praktikern erklärt. Wenn man parallel zu dieser Arbeitsgemeinschaft am Gericht dann eines der genannten Lehrbücher liest und durcharbeitet, reicht das vollkommen aus.

» *Ausnahme: Langer Zeitraum zwischen 1. Examen und Referendariat*

Nur für den Fall, dass zwischen der das Examen abschließenden mündlichen Prüfung und dem Beginn des Referendariats ausnahmsweise viele Monate oder sogar Jahre liegen, da Du zum Beispiel eine der wenigen bestehenden Wartezeiten in Kauf genommen oder Dich nach dem Studium für einen LL.M. bzw. eine Promotion entschieden hast, empfehlen wir Dir als (kleine) Vorbereitung, das **Zivilprozess- und Zwangsvollstreckungsrecht** zu wiederholen. Beide Rechtsgebiete werden im Laufe des Vorbereitungsdienstes und auch im 2. Examen deutlich wichtiger als noch zu Studienzeiten; die Grundlagen muss man bereits bei Beginn des Referendariats draufhaben.

Zudem solltest Du das **materielle (Zivil-)Recht** auffrischen. Denn auch wenn das Prozessrecht an Bedeutung gewinnt, ist Grundlage einer jeden

---

[*] Die Zivilrechtsstation ist in nahezu allen Bundesländern die erste Station im Referendariat.

Aktenbearbeitung bzw. Klausur, dass man das materielle Recht beherrscht. Defizite in diesem Bereich zu Beginn des Referendariats sind nur mühsam wieder aufzuholen, da man mit der Erarbeitung des „neuen Stoffs" bereits ausreichend zu tun hat.

2 Achte bei der Wahl des Ortes für Dein Referendariat nicht auf das Gehalt oder die Statistiken

Auf unseren Infoseiten zum Rechtsreferendariat[*] kannst Du Dich ausführlich für jedes Bundesland über das **Bewerbungsverfahren, den Aufbau und Ablauf sowie das Gehalt** im Rechtsreferendariat informieren. Neben vielen weiteren Aspekten stellen wir in den Länderübersichten zudem die Examensstatistiken der letzten Jahre dar. Trotz alledem sollten die Infos zum Gehalt sowie zu den Statistiken im 2. Examen keine Rolle bei der Entscheidung spielen, wo Du Dein Referendariat machen möchtest.

» Vorab: Bundeslandwechsel ist möglich

Überraschend häufig erreicht uns die Frage, ob es denn überhaupt erlaubt sei, das Referendariat in einem anderen Bundesland zu machen als das Studium bzw. das 1. Staatsexamen. Darauf gibt es nur eine richtige Antwort: Ein **Bundeslandwechsel** ist selbstverständlich zulässig.

Ausgangspunkt für die rechtliche Zulässigkeit ist § 5b DRiG. Diese Norm stellt gewisse Mindestvoraussetzungen für den juristischen Vorbereitungsdienst auf, überlässt aber nach Absatz 6 die detaillierte Regelung des Referendariats dem Landesrecht.

> **§ 5b Abs. 6 DRiG lautet:**
>
> „Das Nähere regelt das Landesrecht."

[*] Abrufbar unter: http://www.juristenkoffer.de/rechtsreferendariat/

7

In den Justizausbildungsgesetzen der Länder wiederum wird eindeutig klargestellt, dass ein Bundeslandwechsel nach dem 1. Staatsexamen möglich ist.

So lautet zB § 30 Abs. 6 JAG NRW:

„Die Aufnahme in den Vorbereitungsdienst darf nicht deswegen versagt werden, weil die erste juristische Staatsprüfung nicht im Land Nordrhein-Westfalen abgelegt worden ist."

Auch **praktische Erwägungen** sprechen nicht dagegen, das Referendariat in einem anderen Bundesland als das Studium zu absolvieren. Hinsichtlich des Prüfungsstoffs muss man lediglich berücksichtigen, dass es Unterschiede im Bereich des Besonderen Verwaltungsrechts gibt. Hier reicht es aus, sich anhand **länderspezifischer Skripte oder Lehrbücher** die Systematik und die wichtigsten Normen des Landesrechts im Bundesland, in dem man nun Referendar ist, zu lernen. In manchen Bundesländern gibt es darüber hinaus auch **spezielle Veranstaltungen**, die sich gerade an Studenten und Referendare richten, die das Bundesland gewechselt haben.

Tipp für Wechsler nach NRW:

An der Uni Münster findet zweimal jährlich die Vorlesung „Landesrecht Nordrhein-Westfalen" statt. Diese Veranstaltung, die von 9.00 – 17.00 Uhr geht, richtet sich ausdrücklich (auch) an Referendare, die mit einem Staatsexamen aus einem anderen Land in NRW ihren Referendardienst leisten. Gerade da sich die Vorlesung an Wechsler richtet, liegt das inhaltliche Schwergewicht auf den Teilen des Landesrechts, die sich vom Recht anderer deutscher Länder unterscheiden.

Für Referendare, die nach Bremen, Hamburg oder Schleswig-Holstein wechseln, besteht das Problem des Besonderen Verwaltungsrechts im Übrigen gar nicht. Denn in diesen drei Bundesländern, die zum **GPA-Bereich** zählen[*], sind für die verwaltungsrechtlichen Klausuren im 2. Examen – anders als in allen anderen Ländern – gar keine Landesgesetzestexte im Examen als Hilfsmittel zugelassen. Sofern es in der konkreten Klausur auf landesverwaltungsrechtliche Normen ankommt, liegt dem Sachverhalt ein Auszug der Gesetze eines fiktiven Bundeslandes X bei, welcher dann zur Lösung der Klausur von den Referendaren heranzuziehen ist.

Hinweis: Berlin und OLG Köln mit „Landeskinder-Regel"

Auch wenn der Grundsatz gilt, dass ein Bundeslandwechsel nach dem ersten Examen ohne Probleme möglich ist, möchten wir an dieser Stelle auf eine Besonderheit aufmerksam machen: Sowohl das OLG-Köln als auch der Stadtstaat Berlin bevorzugen bei der Vergabe der zur Verfügung stehenden Referendarplätze die „Landeskinder".

So muss ein Bewerber für einen Referendarplatz im OLG-Bezirk Köln darlegen, dass er „durch längeren Wohnsitz oder sonstige engere Beziehung dauerhaft mit dem OLG-Bezirk Köln verbunden ist". Dies ist beispielsweise der Fall, wenn der Bewerber seit mindestens zwei Jahren im Bezirk seinen Wohnsitz hat und dies durch Vorlage einer aktuellen Meldebescheinigung nachweisen kann. Besteht eine solche Verbundenheit nicht, ist es schwierig, einen Platz im OLG-Bezirk Köln zu erhalten.

Berlin bevorzugt „Landeskinder" dadurch, dass verschiedene Wartelisten geführt werden, die danach differenzieren, ob der Bewerber sein 1. Examen in Berlin oder außerhalb von Berlin gemacht hat. Die Wartezeit für Bewerber mit einem 1. Examen außerhalb von Berlin beträgt

---

[*] GPA = Gemeinsames Prüfungsamt der Länder Bremen, Hamburg und Schleswig-Holstein mit Sitz in Hamburg.

regelmäßig ca. fünf Monate mehr als für Bewerber mit einem Berliner Examen.

» *Gehalt sollte kein Kriterium sein*

Bei der Entscheidung, in welchem Land man das Referendariat ableistet, sollte die Höhe der gezahlten **Unterhaltsbeihilfe grundsätzlich keine Rolle** spielen. Der Grund hierfür ist ganz einfach: In allen Ländern wird man als Rechtsreferendar schlecht bezahlt.

	Höhe der Beihilfe (brutto)
Brandenburg	1.288,89 Euro
Sachsen	1.265,20 Euro
Bayern	1.232,08 Euro
Bremen	1.198,61 Euro
Baden-Württemberg	1.182,51 Euro
Berlin	1.170,38 Euro
Niedersachsen	1.168,27 Euro
Schleswig-Holstein	1.164,79 Euro
NRW	1.155,17 Euro
Sachsen-Anhalt	1.141,75 Euro

Rheinland-Pfalz	1.133,23 Euro
Mecklenburg-Vorpommern	1.125,00 Euro
Thüringen	1.100,00 Euro
Saarland	1.091,26 Euro
Hessen	1.050,60 Euro
Hamburg	1.006,17 Euro

Ob das Gehalt in einem Bundesland* gering oder ganz gering ausfällt, kann also letztlich kein Kriterium bei der Wahl des Referendariatorts sein.

Was Du allerdings im Blick behalten musst, ist der Aspekt, ob die – in allen Ländern – geringe Unterhaltsbeihilfe ggf. zusammen mit dem bislang Ersparten ausreicht, um Deine **Lebenshaltungskosten** am konkreten Ort zu decken. Gerade durch die Explosion der Mieten in Großstädten wie Hamburg, Berlin oder München wird es schwierig sein, in einer dieser Städte sein Referendariat abzuleisten und mit dem Referendargehalt die Lebenshaltungskosten zu bestreiten, ohne zusätzlich noch einen (juristischen) Nebenjob anzunehmen bzw. annehmen zu müssen.

> **Hinweis: Beantragung von Wohngeld möglich**
>
> Rechtsreferendare berichten uns immer wieder, dass ihr Antrag auf Wohngeld positiv beschieden wurde. Es ist also durchaus möglich, neben der überschaubaren Unterhaltsbeihilfe Wohngeld in Form eines

---

* Die aktuelle Höhe der Beihilfe in allen Ländern kannst Du auf folgender Seite einsehen: http://www.juristenkoffer.de/rechtsreferendariat/unterhaltsbeihilfe/

Mietzuschusses von der Stadt zu erhalten. Die konkrete Berechnung ist kompliziert und hängt von den Umständen im Einzelfall – insbesondere der Miethöhe – ab.

Im Endeffekt muss jeder Referendar selbst entscheiden, ob er den Gang zur Stadt wagt und seinen möglichen Anspruch auf Wohngeld vom zuständigen Sachbearbeiter prüfen lässt.

» Zu hohe Schwankungen bei den Examensstatistiken

Verführerisch ist es natürlich, bei der Wahl des Bundeslandes danach zu schauen, wie in der Vergangenheit das 2. Examen statistisch ausgefallen ist, um so das Risiko zu minimieren durchzufallen bzw. die Chance auf ein gutes Examen zu erhöhen. Hiervon können wir aber nur abraten. Denn die **Schwankungen der Statistiken** sind zu hoch. War die Durchfallquote im Jahr vor der Bewerbung um einen Referendariatsplatz in einem Bundesland niedrig, bedeutet dies noch lange nicht, dass die Durchfallquote gut zwei Jahre später noch immer auf diesem niedrigen Niveau liegt.

Gerade ein Blick auf die Examensstatistiken der letzten zehn Jahre zeigt, dass in nahezu jedem Bundesland mehrere „**Ausschläge**" **bei der Durchfallquote** bzw. bei der Anzahl an Prädikatsexamina nach oben oder unten zu verzeichnen sind. Dabei kommt es in der Regel in den Ländern zu sehr großen Schwankungen, in denen pro Jahr eher wenige Referendare das 2. Staatsexamen schreiben[*]. Entsprechend dem „Gesetz der großen Zahlen" fallen die Schwankungen in den Ländern mit vielen Examenskandidaten pro Jahr dagegen zwar etwas geringer aus, sind aber auch in diesen Ländern in der Regel vorhanden.

---

[*] Hierzu zählen beispielsweise Bremen, Thüringen oder das Saarland.

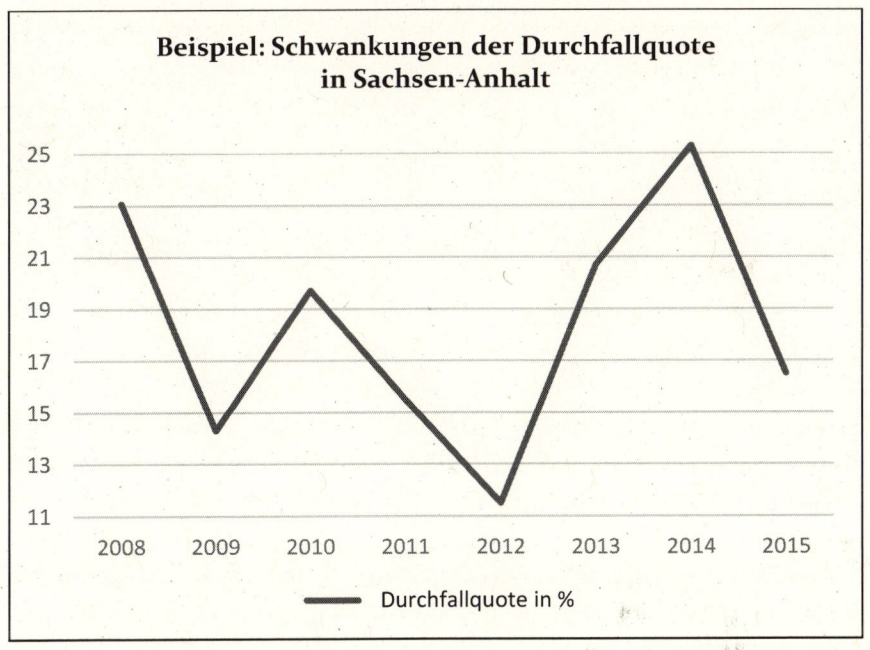

» *Zulässige Kriterien sind Wartezeit und Wohlfühlatmosphäre*

Für ein zulässiges Kriterium bei der Wahl des Referendariatorts halten wir zum einen die **Wartezeit**. Hat man lediglich ein ausreichendes erstes Staatsexamen, sollte man sich genau überlegen, ob man sein Referendariat tatsächlich in Hamburg machen und über zwei Jahre auf die Zuteilung eines Platzes warten möchte. Hier bietet es sich eher an, auf die benachbarten Länder wie Niedersachsen oder Schleswig-Holstein **auszuweichen** und ggf. dennoch in Hamburg zu wohnen. Dasselbe gilt bei dem dringenden Wunsch, in Berlin Referendar zu werden. Auch hier sollte man sich die voraussichtlichen Wartezeiten genau anschauen. Eventuell ist es auch hier sinnvoller, für das Referendariat nach Brandenburg zu gehen. Wenn man einen Platz beispielsweise am LG Potsdam erhält, spricht nichts dagegen, dennoch in Berlin zu wohnen.

Tipp: Restplätze zum Verkürzen der Wartezeit

In NRW muss man in allen drei OLG-Bezirken Wartezeiten in Kauf nehmen. Auch wenn diese derzeit mit maximal fünf Monaten überschaubar lang ausfallen, ist es möglich, auf den Seiten der Oberlandesgerichte nach nicht vergebenen Restplätzen zu schauen. Die Gerichte veröffentlichen jeden Monat, ob und zu welchem Termin an den Landgerichten im jeweiligen OLG-Bezirk noch Plätze frei sind. So kann man mit etwas Flexibilität die Wartezeit abkürzen und schnell ins Referendariat starten.

Zum anderen ist das **Wohlbefinden während der Referendarszeit** viel wichtiger als der Blick auf das Gehalt oder die Statistiken. So profan es klingen mag: Gute Leistungen im juristischen Vorbereitungsdienst kann man immer nur dann bringen, wenn man sich wohlfühlt! Das sollte man  auch bei der **Ortswahl für das Referendariat** berücksichtigen. Die karnevalsliebende rheinische Frohnatur sollte ihr Referendariat eher nicht am LG Stralsund machen; der Großstadtmensch wird versauern, wenn er Referendar am LG Paderborn wird; und der Familienmensch tut nicht gut daran, das Referendariat in einer Stadt mit 500 km Entfernung zu seiner Familie zu absolvieren.

Ergänzender Hinweis: Kein Anspruch auf Berücksichtigung eines Ortswunsches

Hat man sich endlich für ein Bundesland oder ein OLG-Bezirk entschieden, in dem man sein Referendariat machen möchte, darf man zwar im Rahmen der Bewerbung Ortswünsche äußern, welchem Gericht man zugewiesen werden möchte. Man hat aber keinen Anspruch darauf, dass diese Ortswünsche bei der Vergabe der Referendarplätze auch berücksichtigt werden. Es ist also sehr schwer planbar, als Referendar in begehrte Städte wie zum Beispiel München, Dresden oder Leipzig zu kommen.

3 Es gibt kein Gericht, an dem die AG besonders gut (oder schlecht) auf das Examen vorbereitet

Wo wir gerade bei den Kriterien und Aspekten sind, die bei der Wahl des (Land-)Gerichts, an dem man sein Referendariat absolvieren möchte, keine Rolle spielen sollten: In den juristischen Foren findet man häufig Fragen dazu, wie denn an einem bestimmten Gericht die **Qualität der Arbeitsgemeinschaft** im Hinblick auf die Examensvorbereitung ist. Gewünscht sind dann positive oder negative Erfahrungsberichte von Referendaren, die an dem jeweiligen Gericht ihr Referendariat gemacht haben.

Unabhängig davon, dass kein Referendar die Qualität der Arbeitsgemeinschaften an zwei oder mehreren Gerichten zueinander in Relation setzen kann (und nur das hätte einen Mehrwert bei der Frage, wie gut oder schlecht eine AG ist), sind derartige subjektive Erfahrungsberichte vollkommen **unerheblich für die eigene Entscheidung**, für welchen Referendariatort man sich bewirbt. Die Erklärung für diesen Hinweis ist ganz einfach: Die Arbeitsgemeinschaft bei Gericht – egal wie gut oder schlecht sie ist – bereitet (für sich allein) überhaupt **nicht auf das Examen** vor. Du brauchst also die Qualität der Arbeitsgemeinschaft im Hinblick auf die Examensvorbereitung in Deine Überlegungen, an welchem Gericht Du Dein Referendariat ableisten möchtest, gar nicht erst berücksichtigen.

» AG-Leiter sind keine Pädagogen

Die Arbeitsgemeinschaften bei Gericht werden von **Personen** gehalten, die von Beruf Richter, Staatsanwälte, Rechtsanwälte oder Verwaltungsjuristen sind. Niemand der AG-Leiter ist Pädagoge oder hat aus anderen

Gründen Kenntnis von Didaktik oder Wissensvermittlung. Es zeugt schon von einer Mischung aus Naivität und Unverschämtheit, wenn sich Referendare **öffentlich in Foren darüber beschweren**, dass sie durch die Arbeitsgemeinschaft bei Gericht nur unzureichend auf das 2. Staatsexamen vorbereitet wurden und sich damit ihr schlechtes Abschneiden erklären.

Anders als bei Universitätsprofessoren, die qua Auftrag sich nicht nur der Forschung widmen können, sondern in nicht unerheblichem zeitlichen Umfang auch in der Lehre tätig werden müssen, steht in der Jobbeschreibung der Richter, Staatsanwälte oder sonstigen Juristen gerade nichts davon, dass sie auch ihr Wissen den Rechtsreferendaren an ihrem Gericht vermitteln müssen. Bei der **Einstellung von Proberichtern** wird dementsprechend auch nicht darauf geachtet, ob der jeweilige Proberichter talentiert ist, eine AG für Referendare zu halten. Zudem kommunizieren viele der AG-Leiter den Referendaren sogar offen gegenüber, sich **nicht freiwillig** für das Halten einer Arbeitsgemeinschaft gemeldet zu haben; gerade die jungen Richter werden vielmehr „dazu verdonnert", in der Referendarausbildung tätig zu werden.

» *Fast ausschließlich nebenberufliche Arbeitsgemeinschaftsleiter*

In fast allen Bundesländern sind die Juristen **nebenberufliche Leiter** der Arbeitsgemeinschaften*. Das bedeutet konkret, dass Richter und Staatsanwälte die AG neben ihrer Dezernatsarbeit bzw. Rechtsanwälte die AG neben ihrer Kanzleiarbeit vorbereiten und halten. Inzwischen werden den AG-Leitern in einigen Ländern zumindest Unterrichtsmaterialien zur Verfügung gestellt, sodass hierdurch wenigstens ein Teil der Vorbereitungszeit entfällt. Wenn aber jede Stunde, die man für die Vorbereitung der AG für Referendare investiert, anschließend bei der Bearbeitung der Akten im

---

* Eine Ausnahme stellt Bayern dar: Hier werden die Richter und Staatsanwälte als hauptamtliche Arbeitsgemeinschaftsleiter tätig.

Dezernat fehlt, erklärt auch dies, warum die Qualität mancher Arbeitsgemeinschaften überschaubar und in jedem Fall nicht ausreichend ist, um auf das Examen vorzubereiten.

> **Zusätzliche Vergütung der AG-Leiter**
>
> Dass man als nebenberuflicher AG-Leiter eine zusätzliche Vergütung für die Tätigkeiten im Rahmen der Referendarausbildung bekommt, ist bei den Zahlen, die uns aus Mecklenburg-Vorpommern bekannt sind, sicherlich auch kein Anreiz dafür, übermäßig viel Zeit und Energie in diese Aufgaben zu investieren. So erhält ein AG-Leiter folgende Pauschbeträge:
>
> - Unterrichtsstunde (45 Min): 25,00 Euro
>
> - Klausurauswahl je Klausurtermin: 30,68 Euro
>
> - Klausuraufsicht je Tag: 15,34 Euro
>
> - Klausurkorrektur je Klausur: 10,00 Euro

Vor der Bewerbung muss man sich jedenfalls darüber im Klaren sein, dass es aufgrund der „personellen Ausstattung" der Arbeitsgemeinschaften mit nebenberuflichen AG-Leitern **bei jedem Gericht** etwas Licht und wahrscheinlich sehr viel Schatten hinsichtlich der Qualität des AG-Unterrichts geben wird.

» Unabdingbar: Selbständiges Lernen!

Schließlich ist es bei den Arbeitsgemeinschaften bei Gericht genauso wie bei nahezu jeder Vorlesung in der Universität: Mangels Zeit wird **nicht jedes Thema** besprochen, das aber nach der Prüfungsordnung des Landes examensrelevant ist. So sind vor allem die drei Monate der Strafrechtsstation regelmäßig zu kurz, um sowohl das Schreiben einer Anklage als auch die Themen Revision und Strafurteil[*] in der AG zu vermitteln. Gerade der Inhalt und der Aufbau eines Strafurteils bleiben nahezu immer auf der Strecke, was dazu führt, dass Referendare in dieser Hinsicht **im Examen auf Lücke setzen**, wovon aber dringend abzuraten ist.

Das Ergebnis unserer Ausführungen ist zum einen, dass Du die (vermeintliche) Qualität des Unterrichts an einem Gericht **bei der Auswahl Deines Referendariatorts nicht berücksichtigen** brauchst. Zum anderen muss Du spätestens beim Start in den Vorbereitungsdienst in der Lage sein, Dir den examensrelevanten Stoff durch selbständiges Lernen erarbeiten zu können. Wenn es für Dich nichts Neues ist, Dich mit einem Lehrbuch an einen Arbeitsplatz zu setzen und dieses durchzuarbeiten, ist das sehr gut. Wenn Du im Rahmen Deines Studiums nicht in Form des Selbststudiums gearbeitet hast, musst Du nun **schleunigst das selbständige Lernen erlernen**! Sich nur über „Vorlesungen" – das heißt also mit AG-Unterricht in Form des Präsenzstudiums – auf das Examen vorzubereiten, ist im Referendariat nicht möglich.

---

[*] Soweit diese beiden Themen zum Pflichtstoff im 2. Examen zählen, was aber von Bundesland zu Bundesland verschieden ist.

4 Nutze die „Ref-Hacks" von Juratopia

Lucas Kleinschmitt hat bereits während seines Referendariats das Portal Juratopia gestartet. Auf der Seite http://www.juratopia.de bietet er neben vielen interessanten **Karriere-Infos für Juristen** auch die „Ref-Hacks" speziell für Rechtsreferendare an. Unser Tipp für Dich: Melde Dich möglichst frühzeitig für den E-Mail-Kurs „Ref-Hacks" an und erhalte so regelmäßig **Insider-Tricks für das Referendariat** und das 2. Staatsexamen.

» Von Zeitmanagement bis Klausurenplaner

Der Inhalt des Email-Kurses ist vielfältig. So geht es in den „Ref-Hacks" beispielsweise um die **effektivsten Lerntechniken für Juristen** und darum, wie man diese Lerntechniken anwendet; es wird auf die besten Lernmaterialien für Referendare eingegangen und aufgezeigt, wie viele Übungsklausuren man optimalerweise bis zum Examen schreiben sollte; zudem gibt es hilfreiche Tipps zum Umgang mit **Examensangst, -stress, und -nervosität.** Und dies ist nur ein kleiner Auszug aus diesem umfangreichen E-Mail-Kurs für Referendare.

Neben den Tipps bekommst Du als Teilnehmer auch praktische Excel-Vorlagen: Einen „Übungsklausurenplaner" und einen „Letzter-Monat-Planer", der Dir hilft, im stressigen letzten Monat vor den Klausuren den Überblick zu behalten.

Das Beste dabei ist: Die „Ref-Hacks" kann man **völlig kostenlos** auf der Seite Juratopia abonnieren! Für eine Anmeldung sind lediglich Vorname, E-Mail-Adresse, das Bundesland, in dem man Referendar ist, sowie der

Termin des schriftlichen Examens anzugeben. Anschließend erhält man die zeitlich auf das eigene Referendariat abgestimmten nützlichen Informationen per E-Mail zugesandt.

Über den Gründer von Juratopia

Lucas Kleinschmitt hat Jura an der Bucerius Law School und der University of Cambridge studiert und war anschließend Referendar in Hamburg. Nach Beendigung des juristischen Vorbereitungsdienstes arbeitete Lucas zwei Jahre bei Hengeler Mueller in Berlin als Anwalt, bevor er sich entschloss, seine aktive Tätigkeit als Anwalt zu unterbrechen, um nach China zu reisen und die chinesische Sprache zu erlernen.

» *Informative Blog-Beiträge*

Auch unabhängig von den „Ref-Hacks" lohnt sich ein Besuch des Juratopia-Portals. In vielen **Blog-Beiträgen** bietet Lucas Tipps & Informationen für Rechtsreferendare. So werden in vielen Artikeln Fragen behandelt, die sich jeder Referendar irgendwann stellt: „Sollte ich im Referendariat ins Ausland gehen?", „Wie schwer ist eigentlich das 2. Examen?" oder „Tauchen im Referendariat: Was ist üblich?" sind nur drei Beispiele von vielen Themen, die im Blog auf Juratopia aufgegriffen werden.

» *Gastbeitrag von Lucas*

Gerne hätten wir sämtliche Inhalte des E-Mail-Kurses ungekürzt als hilfreiche Tipps & Hinweise für angehende Referendare in dieses Buch mit aufgenommen ;-) Auch wenn dies aus verständlichen Gründen nicht möglich war, konnten wir Lucas dafür gewinnen, einen **ausführlichen Gastbeitrag für dieses Buch** zu schreiben. In seinem Artikel mit dem Titel

„Die drei größten Herausforderungen beim Lernen im Referendariat und wie Du sie meisterst"[*] geht Lucas unter anderem auf das für Referendare oftmals problematische **Zeitmanagement im juristischen Vorbereitungsdienst** im Allgemeinen sowie auf das Vermeiden von Zeitproblemen beim Schreiben der (Examens-)Klausuren ein. Wir sind uns sicher, dass Du aus diesem Beitrag viele hilfreiche Tipps & Hinweise für Dein Referendariat gewinnen wirst.

---

[*] Den Gastbeitrag von Lucas Kleinschmitt findest Du auf S. 37 ff.

Abschnitt 2

» Tipps & Hinweise für

die Pflichtstationen des Referendariats

5 Das Referendariat dauert keine zwei Jahre

Zugegeben: Diese Aussage von uns ist zwar theoretisch falsch, praktisch aber gleich in zweifacher Hinsicht richtig.

» Dauer des Referendariats laut Gesetzgeber

Der Gesetzgeber sieht für den Vorbereitungsdienst ausdrücklich eine Dauer **von exakt zwei Jahren** vor. Dies ergibt sich zum einen aus § 5b DRiG, der die bundesgesetzliche Grundlage für das Rechtsreferendariat bildet, und zum anderen aus den Justizausbildungsgesetzen der Länder.

> **§ 5b Abs. 1 DRiG lautet:**
>
> „Der Vorbereitungsdienst dauert zwei Jahre."
>
> **§ 35 Abs. 1 JAG NRW bestätigt diese Vorgabe:**
>
> „Der Vorbereitungsdienst dauert vierundzwanzig Monate."

Grundlage für die Berechnung der Dauer des Referendariats durch den Gesetzgeber sind die **Pflichtstationen**[*] im Vorbereitungsdienst, die zusammengerechnet zwei Jahre (oder 24 Monate) dauern. Die Aufteilung

---

[*] Zivilrechtsstation, Strafrechtsstation, Verwaltungsstation, Anwaltsstation sowie Wahlstation.

der Monate auf die einzelnen Stationen sowie die Reihenfolge der Stationen ist von Bundesland zu Bundesland unterschiedlich. In der Summe ergibt sich aber stets die Dauer von zwei Jahren.

» *Aber Nr. 1: Man ist mehr als zwei Jahre Referendar*

Faktisch dauert das Referendariat länger als die vom Gesetzgeber vorgegebenen zwei Jahre. Denn die **abschließende mündliche Prüfung**, mit deren Bestehen man automatisch aus dem öffentlich-rechtlichen Ausbildungsverhältnis ausscheidet, folgt nicht am Ende der zeitlich letzten Station, sondern in vielen Bundesländern erst ca. sechs bis acht Wochen nach der letzten Station.

> **Dauer des Referendariats am Beispiel NRW:**
>
> Wirst Du in Nordrhein-Westfalen beispielsweise zum Mai eines Jahres eingestellt, hast Du Deine mündliche Prüfung im 2. Examen in aller Regel erst im Juni des übernächsten Jahres.
>
> Dass der Vorbereitungsdienst mit dem Bestehen der mündlichen Prüfung endet, ergibt sich aus § 31 Abs. 1 JAG NRW: „Mit der Verkündung der Entscheidung über das Bestehen der Prüfung, das Nichtbestehen der ersten Wiederholungsprüfung oder über den Ausschluss von einer Wiederholungsprüfung enden der Vorbereitungsdienst und das öffentlich-rechtliche Ausbildungsverhältnis."

Auch wenn die gesetzgeberische Vorgabe von zwei Jahren eigentlich eindeutig ist und so auch vom Landesgesetzgeber wiederholt wird, wird man vom Land bis zum Tag der mündlichen Prüfung bezahlt. Faktisch ist man also 26 Monate Rechtsreferendar.

» Aber Nr. 2: Klausuren stehen viel früher an

Die Aussage, dass das Referendariat zwei Jahre dauert, ist aber auch in einer anderen Hinsicht irreführend. Denn im 2. Examen geht es vor allem darum, in den so **wichtigen Klausuren** gut abzuschneiden. Das Ergebnis der Klausuren bildet bei sehr vielen (vornotenorientierten) Prüfern die Grundlage für die Benotung der mündlichen Prüfung, sodass das schriftliche Examen fundamental wichtig für das Ergebnis des Staatsexamens ist. Die Klausuren stehen aber nicht erst nach 24 Monaten, sondern **bereits viel früher** im Referendariat an:

	Beginn des schriftlichen Examens
Baden-Württemberg	im 21. Monat
Bayern	ab Ende des 20. Monats
Berlin/Brandenburg	im 20. Monat
Bremen/Hamburg/ Schleswig-Holstein	im 21. Monat
Hessen	im 21. Monat
Mecklenburg-Vorpommern	im 21. Monat
Niedersachsen	im 20. Monat
NRW	im 21. Monat
Rheinland-Pfalz	im 18. Monat
Saarland	im 18. Monat

Sachsen	im 20. Monat
Sachsen-Anhalt	im 20. Monat
Thüringen	im 20. Monat

Wie sich aus der Tabelle ergibt, müssen die Referendare in Rheinland-Pfalz und im Saarland bereits im 18. Monat ins schriftliche Examen; in den anderen Bundesländern beginnen die Klausuren dann zwei bis drei Monate später. Und anders als im Studium, bei dem man es grundsätzlich selbst in der Hand hat zu entscheiden, wann man ins Examen geht, ist der **Zeitpunkt des Examensbeginns** im Referendariat „nicht verhandelbar". Vielmehr kommen die Klausuren im 2. Examen unaufhaltsam auf einen zu.

Du solltest bereits vor dem Start ins Referendariat verinnerlichen, dass das Referendariat also **keine zwei Jahre** dauert, da das schriftliche Examen  viel früher beginnt. Dies musst Du bei der gesamten Zeiteinteilung, Stoff-erarbeitung sowie der Planung Deiner Examensvorbereitung berücksichtigen. Konkret bedeutet dies unter anderem, **von Anfang an**[*] den Stoff zu erarbeiten und konsequent während der Arbeitsgemeinschaften bei Gericht zu lernen; zudem musst Du rechtzeitig genug anfangen, regelmäßig Klausuren zu schreiben.

---

[*] Auf den Punkt, auf der einen Seite die vielen Möglichkeiten des Referendariats zu genießen, auf der anderen Seite aber nicht zu vergessen, von Anfang an zu lernen, gehen wir aufgrund der Wichtigkeit im nachfolgenden Kapitel etwas detaillierter ein.

Keinesfalls darf es Dir passieren, dass die Zeit „nach hinten raus" zu knapp wird. Dies ist ein **großer Fehler**, den Referendare immer und immer wieder machen. So kommt es, dass manche Referendare sich noch sechs Wochen vor dem Examen erstmals theoretisches Wissen erarbeiten, statt bereits in der so wichtigen Wiederholungs- und Vertiefungsphase zu sein. Zum Teil wird dann auch im 2. Examen hinsichtlich mancher Themen „auf Lücke gelernt", was absolut vermeidbar ist, wenn man denn das Referendariat zeitlich besser plant.

6 Genieße die Referendarzeit, aber lerne zugleich vom ersten Tag an

Es mag widersprüchlich klingen, dass wir Dir den Rat geben, das Referendariat einerseits zu **genießen**, Du andererseits jedoch **direkt mit dem Start in das Referendariat mit dem Lernen beginnen** sollst. Diesen Ratschlag solltest Du jedoch unbedingt befolgen. Unserer Erfahrung nach verbauen sich viele Referendare den Erfolg im Referendariat gerade in den ersten Monaten des juristischen Vorbereitungsdienstes, da sie die sich ergebenden Freiheiten zu sehr genießen und das Lernen aufschieben. Im Verlauf des Referendariats und mit dem nahenden Examen wird die Zeit dann jedoch zum Ende hin zu knapp und für die Aufarbeitung größerer Lücken bleibt wenig oder gar keine Zeit mehr. Das Examen fällt dann in der Regel schlechter aus als es müsste.

» *Arbeitsbelastung im Referendariat*

Im Referendariat hängt es neben Deinem Vorwissen und Deiner eigenen Auffassungsgabe auch stark vom Ausbilder und dem AG-Leiter in der jeweiligen Station ab, wie intensiv die **Arbeitsbelastung** für Dich ausfällt.

> **Der Start ins Referendariat kann anstrengend sein**
>
> Der Einstieg in das Referendariat erfolgt meist von 0 auf 100 und kann Dich daher anfangs überfordern. Trotzdem musst Du zusehen, direkt ab der ersten Stunde mit dem Stoff am Ball zu bleiben und diesen stets nachzuarbeiten.

Es ist nicht schlimm, wenn Dir gelegentlich die Motivation fehlt. Tiefpunkte und Unlust sind völlig normal. Solche Phasen sind Dir vielleicht sogar aus der Vorbereitung auf das 1. Examen noch bekannt. Was Dir aber einfach **nicht passieren** darf, ist dass Du den Faden einmal komplett verlierst und irgendwann (gedanklich) vielleicht aussteigst, weil Du nicht siehst, wie Du jetzt überhaupt noch einen erneuten Einstieg in die Materie schaffen sollst.

> **Konsequentes Mitarbeiten in den Stationen**
>
> Vor diesem Hintergrund muss das Ziel daher sein, die behandelten Themen immer in der jeweiligen Station zu bearbeiten, um sie zumindest einmal in der jeweiligen Station auch verinnerlicht zu haben.

» *Belastungsfaktor Examen*

Mindestens genauso wichtig wie das konsequente Mitarbeiten in den Stationen ist es, sich bewusst **Auszeiten** zu schaffen. Die juristische Ausbildung stellt eine **enorme Belastung** für den Körper dar. Die Länge der Ausbildungsdauer und das Streben nach ordentlichen Noten zehren an den eigenen Kräften, was sich bei manchen Jurastudenten und Referendaren nicht nur psychisch sondern auch physisch äußert und im schlimmsten Fall dazu führen kann, dass der eigene Körper irgendwann streikt.

Klausurenkurs-Frust – und dabei stets das nahende Examen wie ein Damoklesschwert über Dir – können dazu führen, dass Du Dich einigelst und noch intensiver mit Jura beschäftigst, **ohne am Ende einen Nutzen daraus** zu ziehen. Du lernst und lernst, aber die Anstrengung scheint sich gemessen am Aufwand nicht auszuzahlen. Es ist daher extrem wichtig, Warnsignale nicht nur frühzeitig zu erkennen, sondern diese im Idealfall gar nicht erst aufkommen zu lassen, indem Du Dir bewusst machst, dass

Du Dich natürlich in einem wichtigen Abschnitt für Dein künftiges Berufsleben befindest, den Du auch erfolgreich meistern willst. Dennoch dreht sich das Leben nicht nur um Jura und dem Privatleben sollte mindestens genauso ein hoher Stellenwert beigemessen werden. Etwas überspitzt dargestellt, bringt Dir das tollste Examenszeugnis nichts, wenn es am Ende niemanden gibt, mit dem Du diese Freude teilen kannst. Also schaffe Dir bewusste **jurafreie Auszeiten** und vergiss nicht, das Leben auch außerhalb des Referendariats zu leben.

» Soziale Kontaktpflege und Hobbies

Es liegt somit an dir, für einen Ausgleich zu sorgen und Deinen Partner, Freunde und Familie nicht zu vernachlässigen. Ein **strukturierter (Lern-)Ablauf** hilft enorm dabei, eine Routine zu entwickeln und sich bewusst Auszeiten außerhalb des Referendariats einzuplanen. Auch den Dir zustehenden Anspruch auf Erholungsurlaub solltest Du daher unbedingt in den Stationen nutzen. Ohne Erholungsphasen und Zeit für andere Dinge kann es passieren, dass sich nicht nur Dein Körper, sondern auch Dein Umfeld irgendwann von Dir verabschiedet. **Soziale Kontakte** sind wichtig und bieten die Unterstützung, die Jedermann im Leben braucht – also pflege sie auch entsprechend. Insbesondere sich mit Freunden zu treffen, die mit Jura überhaupt nichts am Hut haben und fachfremden **Hobbies** nachzugehen, hilft zudem enorm dabei, auch einmal von der juristischen Materie abschalten zu können und neue Kraft zu tanken.

» Genieße die abwechslungsreiche Zeit des Referendariats

Nicht zuletzt solltest Du das Referendariat auch **wegen der Referendariatszeit an sich** genießen. Die Möglichkeiten, die Dir der juristische

Vorbereitungsdienst bietet, werden so wahrscheinlich nie wiederkommen. Neben der **freien Zeiteinteilung** und der Möglichkeit sich einige **Ausbildungsstellen selbst suchen** zu können, ermöglicht Dir der juristische Vorbereitungsdienst auch viele weitere tolle Erlebnisse, wie beispielsweise eine **AG-Fahrt**, als die wahrscheinlich letzte „Klassenfahrt" in Deinem Leben, den **Trinktest** in der Staatsanwaltsstation oder organisierte Ausflüge.

Tipp: Reisebüros für Referendarfahrten

Eine AG-Fahrt wird in der Regel am Ende der 1. Pflichtstation unternommen. Sie kann ins Inland oder Ausland führen. Die Fahrt kann dabei eigenständig von euch organisiert werden oder ihr greift auf die (auch) auf Referendarfahrten spezialisierten Reiseveranstalter wie zum Beispiel „Moveo Studienreisen" oder „Kerkfeld Gruppenreisen" zurück. Die Kontaktdaten lauten:

moveo-studienreisen GmbH
Thomas-Mann-Str. 1
53111 Bonn
Tel.: 0228-9657850
E-Mail: info@moveo.de

Kerkfeld Gruppenreisen
Weseler Str. 27
48151 Münster
Tel.: 0251-533022
E-Mail: info@kerkfeld.de

Beliebte Ziele für die AG-Fahrt sind Prag, Budapest oder Wien. Sprecht am besten direkt mit Beginn des Referendariats in eurer AG darüber, wie und wohin und ihr eine derartige Fahrt unternehmen wollt.

Nutze also diese spannende Zeit auch um des Referendariats Willen und nimm die vielen sich Dir bietenden Möglichkeiten wahr.

7 Die drei größten Herausforderungen beim Lernen im Referendariat und wie Du sie meisterst

(Gastbeitrag von Lucas Kleinschmitt, Juratopia.de)

Ich stelle jedem Teilnehmer der Juratopia Ref-Hacks dieselbe Frage: Was ist Dein **größtes Problem in Referendariat und Examensvorbereitung**? In Bezug auf das Lernen sind die drei häufigsten Antworten:

- Ich habe neben Stationsarbeit und AGs zu wenig Zeit zum Lernen.
- Ich komme in keinen geregelten Lernalltag und kann mich nicht zum Lernen motivieren, weil ich zwischen Stationsarbeit und AG hin- und hergerissen werde.
- Ich habe in den Klausuren immer Zeitmangel (kommt insbesondere von Referendaren, welche die scharfen Klausuren schon hinter sich haben).

In diesem Beitrag möchte ich Dir erste Tipps an die Hand geben, wie Du diese Herausforderungen **am besten meistern** kannst.

» Lösung von Problem 1: Keine Zeit zum Lernen

1. Kluge Stationsplanung: Deine Stationsplanung hat massive Auswirkungen auf Deine Lernzeit. Wenn Du eine arbeitsintensive Station an die nächste klatschst, dazwischen noch ins Ausland gehst und nur kurze Zeit tauchst, gerätst Du zwangsweise in Zeitnot. Achte deshalb darauf, neben spannenden Stationen **auch genug Lernzeit einzuplanen**. Das gilt ganz besonders, wenn Du nicht direkt nach dem ersten Examen ins Referendariat gehst, sondern dazwischen vielleicht noch promoviert oder einen

LL.M. absolviert hast. In diesem Fall brauchst Du mehr Zeit, um das materielle Recht zu wiederholen. **Kompensiere Auslandszeiten und arbeitsintensive Stationen** mit arbeitsarmen Stationen und plane zunehmend mehr Lernzeit ein, umso dichter die Klausuren rücken.

Wenn Du in Deinem Bundesland selber Ausbilder suchen kannst, dann erkundige Dich vorher bei älteren Referendaren, bei welchen Ausbildern man wieviel arbeiten muss. Einige Personalräte der Referendare halten auch **Stationsprotokolle** vor. Hier findest Du ebenfalls nützliche Informationen über verschiedene Ausbilder. Es gibt – auch und gerade bei den Pflichtstationen – wirklich **große Unterschiede**. Für manche Richter arbeitest Du z.B. zwei Tage die Woche, andere lasten Dich vier Tage die Woche intensiv aus. Aber Achtung: Arbeitsarme Stationen sind sehr beliebt und früh ausgebucht, teilweise Jahre im Voraus. Kümmere Dich am besten schon sehr frühzeitig darum, je eher desto besser.

2. Effektive Lerntechniken: Im Referendariat ist effektives Lernen wesentlich wichtiger als im Studium, einfach weil man weniger Zeit hat. Ich kann an dieser Stelle nicht zu sehr in die Tiefe gehen, möchte Dir aber ein paar **grundlegende Tipps** mitgeben:

- Halte nicht zwanghaft an alten Lernmustern fest, weil Du glaubst, dass sie Deinem „Lerntyp" entsprechen. Die Lerntypentheorie wird weithin missverstanden und im Übrigen von der modernen Psychologie ohnehin als Mythos angesehen.

- Vermeide wiederholtes passives Lesen. Experimente haben immer wieder gezeigt, dass aktive Lerntechniken effektiver sind. Spätestens beim Wiederholen solltest Du mit dem Stoff aktiv interagieren.

- Eine effektive Technik ist das Abfragen. Bevor Du etwas liest, schau Dir nur die Überschrift an und überlege: Wie war das nochmal? Lies erst dann nach, ob Du Recht hattest und wie vollständig Deine Antwort war. Das geht natürlich auch gut als gegenseitiges Abfragen mit anderen Referendaren. Psychologen haben herausgefunden, dass das

Gelernte so besser im Langzeitgedächtnis bleibt. Das ist im Referendariat wichtig, weil Du keine Zeit für viele Wiederholungen hast.

- Lerne kontinuierlich. Unsere Eltern haben es uns schon als Kind gepredigt. Und tatsächlich hat eine Auswertung empirischer psychologischer Studien aus den letzten Jahrzehnten durch ein Team rund um den Psychologen Dunlosky ergeben, dass kontinuierliches Lernen die Effektivität des Lernens massiv steigert. Über einen langen Zeitraum stetig zu lernen ist wesentlich effektiver als über einen kürzeren Zeitraum, also etwa in der Tauchzeit kurz vor dem Examen, wahnsinnig viel zu lernen. Lerne also von Anfang an regelmäßig und bleib am Ball.

Tipps zum vertiefenden Lesen

- Mehr zum juristischen Abfragen: www.juristenkoffer.de/refblog/allgemein/jurawissen-langzeitgedaechtnis/

- Tipps speziell zum Lernen des materiellen Rechts im Referendariat: www.juratopia.de/materielles-recht-im-referendariat/

- Tipps zu Lernmaterialien im Referendariat: www.juratopia.de/lernmaterialien-referendariat/

- In den (kostenlosen) Juratopia Ref-Hacks widme ich effektiven Lerntechniken für das Referendariat mehrere Module. Dazu stelle ich die Ergebnisse psychologischer Forschung zu beliebten juristischen Lerntechniken (wie etwa Anmarkern und Zusammenfassen) vor und gebe auf dieser Basis Anwendungstipps, wie Du verschiedene Lerntechniken möglichst effektiv einsetzt: www.juratopia.de/refhacks

---

3. Keine falsche Aufopferung für die Stationsausbilder: Pass auf, dass Du Dich nicht zu sehr für Deine Stationsausbilder aufopferst. Deine Examensnote ist unendlich viel wichtiger als Dein Stationszeugnis. Wenn Du nicht gerade in dem jeweiligen Bereich später auch arbeiten willst, dann solltest Du immer eine **gesunde Balance aus Stationsarbeit und Examensvorbereitung** finden.

In der Privatwirtschaft kannst Du das Thema zu Beginn problemlos ansprechen und von vornherein eine Einigung finden. Bei Gerichten, Staatsanwälten und Behörden bist Du dem jeweiligen Ausbilder stärker ausgeliefert. Das ist oft kein Problem, viele Ausbilder haben für Deine Situation Verständnis. Leider beuten einige Ausbilder ihre Referendare aber auch gnadenlos aus. Sollte Dein Ausbilder Dir **zu viel abverlangen**, würde ich im Zweifel immer eher eine schlechtere Stationsnote in Kauf nehmen als zu wenig Examensvorbereitungszeit zu haben.

Ein guter Trick ist auch, in der jeweiligen Station die **maximal mögliche Urlaubszeit** zu nehmen. Die Hemmschwelle für Deinen Ausbilder, den Urlaub nicht zu genehmigen, ist doch recht hoch. Klar kommt auch ein langer Urlaub bei einigen nicht gut an, aber dann gilt das oben Gesagte – am Ende zählt die Examensnote, nicht das Stationszeugnis.

4. Minimierung anderer Verpflichtungen: Versuche außerdem andere Verpflichtungen während des Referendariats auf ein Minimum zu kappen. Ich bekomme teilweise E-Mails von Referendaren, die nebenbei noch ein **Fernstudium in Teilzeit** absolvieren, viele haben einen **Nebenjob**, einige beenden noch ihre **Promotion**. Solche Nebentätigkeiten solltest Du, soweit Du kannst, vermeiden. Investiere lieber mehr Zeit in die Examensvorbereitung.

Am Anfang des Referendariats haben viele das Gefühl, für solche Dinge noch Zeit zu haben. Später stellen sie dann fest, dass sie nicht mehr genug

Examensvorbereitungszeit haben, weil sie zu spät angefangen haben richtig zu lernen. Das lässt sich vermeiden, wenn man schon zu Beginn des Referendariats einen Schwerpunkt auf die Examensvorbereitung legt.

Ob Du einen Nebenjob finanziell brauchst, kannst Du durch **die Wahl Deines Bundeslandes** mitbeeinflussen. In den Bundesländern sind die Lebenskosten und auch die Unterhaltsbeihilfen unterschiedlich hoch. Wenn es ohne Nebenjob nicht geht, würde ich Dir aber in jedem Fall dazu raten, ihn im letzten Jahr vor den Klausuren zu kündigen. Dann brauchst Du die Zeit einfach zum Lernen. Außerdem hast Du in diesem Jahr in den meisten Ländern die Chance, Deine Unterhaltsbeihilfe durch **Stationsgehälter in Anwalts- und Wahlstation** aufzubessern.

» Lösung von Problem 2: Kein geregelter Lernalltag und deshalb Motivationsprobleme

Im Referendariat hast Du viele Töpfe gleichzeitig am Kochen. Da sind die Stationen, die AG, vielleicht noch ein Nebenjob und Deine private Examensvorbereitung. Gerade die Stationsarbeit ist teilweise auch noch unstetig und macht es schwierig, einen festen Alltag zu entwickeln. In diesem Wirrwarr fällt es vielen Referendaren schwer, sich zum **eigenständigen Lernen zu motivieren**. Jedenfalls schreiben das die Teilnehmer der RefHacks immer wieder und mir selbst ging es im Referendariat auch so.

Das Problem lässt sich aber in den Griff bekommen, wenn man die **richtigen Maßnahmen** ergreift:

- Du solltest versuchen, Deine Woche in zwei zusammenhängende Abschnitte aufzuteilen: Der erste Teil für die Stationsarbeit und der zweite Teil für das Lernen. Wenn Du z.B. vier Tage in der Station arbeitest, lege Deinen freien Tag auf Montag oder Freitag. Auf diese Weise springst Du nicht dauernd hin und her. Du kannst Dich so z.B.

jede Woche einen Tag von der Arbeit erholen und dann zwei Tage lernen.

- Wenn Du gerade in der Gerichtsstation bist und Arbeit mit nach Hause bekommst, dann erledige Deine Stationsarbeit immer sofort nach den Treffen mit Deinem Ausbilder. Denn auch so kannst Du die Woche gut in zwei Teile aufspalten und wenigstens ein bisschen Lernroutine entwickeln.

- Schreibe Dir Deine Lernzeiten als geblockte, wiederkehrende Termine in Deinen Kalender. Das macht sie verbindlicher.

- Starte früh mit einer privaten Lerngruppe, die sich möglichst regelmäßig trifft. Wenn es wegen der Stationen nicht anders geht, notfalls auch am Wochenende. Dadurch schaffst Du ein regelmäßiges festes Event als Gegenpol zum Stationsalltag. Außerdem motiviert Dich der „Community Effekt". Wenn es Dir finanziell möglich ist, kann auch ein wöchentliches Repetitorium diesen Zweck erfüllen. Notwendig ist das aber keinesfalls.

- Es hilft auch, schon früh einen groben Lernplan zu haben. Der muss anfangs überhaupt nicht detailliert sein und Du wirst ihn sowieso mehrmals umschmeißen, wenn Du die verschiedenen Themen, ihre Relevanz und ihren Zeitaufwand besser kennenlernst. Aber Dein Plan sagt Dir, wann Du was zu tun hast und bricht das Ziel „2. Staatsexamen" in konkrete Handlungsanleitungen herunter. Das hilft Dir, Dich zu motivieren. Schau Dir zur Erstellung des Lernplans am besten die Inhaltsverzeichnisse von Assessorskripten an, um einen Überblick über den Stoff zu bekommen. Vergiss aber nicht, zusätzlich regionale Besonderheiten, wie etwa öffentliches Landesrecht, einzuplanen.

Tipps zum vertiefenden Lesen

- Motiviert Jura lernen – So macht Jura süchtig wie World of Warcraft, auf www.juratopia.de/motivieren-jura-lernen/

» Lösung von Problem 3: Zeitmangel in der Klausur

Das mir mit Abstand am **häufigsten gemeldete Klausurproblem ist Zeitmangel.** Diese Beschwerde kommt teilweise schon von Referendaren in der Examensvorbereitung, noch häufiger aber von solchen, die ihre scharfen Klausuren schon hinter sich haben. Achtung, Falle: Die scharfen Klausuren sind im Schnitt **viel umfangreicher** als Deine Übungsklausuren! Die Klausuren werden über die Jahre immer länger und Übungsklausuren sind in der Regel alt. Selbst die Klausuren von den kommerziellen Repetitorien erreichen nur ganz selten vom Umfang her aktuelles Examensniveau.

Wiege Dich also nicht in falscher Sicherheit. Am besten versuchst Du zumindest mal probeweise, ein paar Übungsklausuren in 4 ½ Stunden durchzuarbeiten, um ein Gefühl dafür zu bekommen, wie Du mit noch größerem Zeitdruck umgehen kannst.

Aber genug der Warnungen - wie bekommst Du das Zeitproblem in den Griff?

1. Üben: Zum einen gilt natürlich: Üben, üben, üben. Je mehr Klausuren Du schreibst, desto schneller wirst Du. Gerade Aufbauten und Standardformulierungen musst Du **aus dem „Effeff" und ohne Nachdenken** im Schlaf beherrschen. Deshalb ist es wichtig, dass Du möglichst früh anfängst, Übungsklausuren zu schreiben.

2. Prozessanalyse: Wichtig ist aber, dass Du nicht blind übst. Einfach nur gedankenlos eine Klausur nach der anderen herunterzuschreiben, hilft auch nicht viel. Stattdessen musst Du **Deine Klausuren analysieren**. Finde heraus, wo Deine Schwachstellen liegen und wodurch Probleme verursacht werden. Wenn Du Zeitmangel hast, musst Du herausfinden, wo der Grund hierfür liegt. Mache Dir dazu schon beim Schreiben der Klausuren auf einem separaten Zettel Notizen, ab **wann Du welche Arbeitsschritte** beginnst.

Also z.B.: 15:00 Uhr Start / 15:20 erstes Lesen fertig / 16:30 Lösungsskizze fertig / 17:00 Tatbestand fertig ausgeschrieben / 19:45 Klausur fertiggeschrieben.

Wenn Du bei der Durchsicht der Korrektur später auf Deine Notizen zurückgreifst, kannst Du zurückverfolgen, in welchem Arbeitsschritt Deine Probleme liegen. Du merkst, welcher Arbeitsschritt zu lange gedauert hat, auf welchen Du vielleicht zu wenig Zeit verwendet hast und wieviel Zeit Du mindestens fürs Ausformulieren brauchst. Du siehst aber auch, wie Deine Zeitaufteilung in den Klausuren war, in denen Du viele Punkte erreicht hast.

Das ermöglicht Dir, **Dein Training entsprechend anzupassen**. Wenn Du z.B. mit dem Ausformulieren keine Probleme hast, dann löse lieber ein paar mehr Klausuren nur durch, als jede Klausur auszuschreiben. Wenn Du für den Tatbestand zu lange brauchst, dann übe gezielt Tatbestände. Wenn Du für die Lösungsskizze zu lange brauchst, dann überdenke Deine Methodik bei deren Erstellung und suche nach Möglichkeiten, hier Zeit zu sparen.

3. Zwei ganz zentrale konkrete Tipps, um mit der Zeit besser klarzukommen, sind folgende:

- Halte den Tatbestand kurz. Lasse lieber im Tatbestand ein paar Federn als im rechtlichen Teil. Gerade wenn Du chronischer Tatbestandsoptimierer bist, kann es helfen, wenn Du von vornherein einplanst, im Tatbestand zwei Punkte zu verlieren. Das ist besser, als im rechtlichen Teil keine Schwerpunkte mehr setzen zu können und deshalb 8 Punkte zu verlieren.

- Halte Deine Lösungsskizze kurz. Dafür zwei Tricks:
  a) Arbeite in der Lösungsskizze mit Verweisen auf die entsprechenden Stellen im Sachverhalt, anstatt zu viele Details aufzuschreiben. Diese Verweise brauchst Du sowieso, wenn Du im Examen 20 oder

30 Seiten Sachverhalt bekommst und während der Klausur mal eben etwas nachschauen willst. Zeit zum langen Blättern hast Du dann nicht. Zeit, um Informationen aus dem Sachverhalt in Deine Lösungsskizze abzuschreiben, hast Du erst recht nicht.

b) Markiere außerdem streitigen Sachverhalt in Deiner Lösungsskizze einfach farbig, statt irgendwelche komplizierten Tabellen zu erstellen.

Tipps zum vertiefenden Lesen

- In 5 Minuten zu besseren Assessorklausuren (von den Kaiserseminaren als „äußerst lesenswert" empfohlen), www.juratopia.de/wp-content/uploads/bessere-assessorklausuren.pdf

---

Das war es von mir an dieser Stelle – vielleicht sehen wir uns ja in den Ref-Hacks, ich würde mich freuen. Ansonsten jedenfalls viel Spaß und Erfolg im Referendariat!

Lucas Kleinschmitt, Juratopia.de

8 Nutze für die Übungsklausuren die Vorauflagen der Kommentare

Bereits kurz nach dem Start in das Referendariat stehen auch schon die ersten Klausuren in der Arbeitsgemeinschaft an. Auch wenn einige wenige Gerichte den Referendaren hierfür Kommentare bereitstellen, die für die Bearbeitung der Klausur genutzt werden können, empfehlen wir Dir, dass Du Dir für jede Station Deine eigenen Kommentare kaufst. Zum einen musst Du den richtigen **Umgang mit den Kommentaren frühzeitig**, und nicht erst im Examen, **(er)lernen**. Zum anderen ist es deutlich **entspannter**, wenn Du Deine eigenen Nachschlagewerke für ein effektives Lernen stets griffbereit zur Verfügung hast.

» Kosten und Zeitpunkt für den Kommentarkauf

Die juristischen Kommentare sind umfassend, hilfreich – aber gemessen an der Unterhaltsbeihilfe für einen Referendar alles andere als günstig. In jedem Bundesland sind **mindestens 4 Kommentare** für die Klausuren im 2. Examen zugelassen, sodass die Anschaffung mehrerer Kommentare sehr schnell ganz schön auf den Referendars-Geldbeutel drücken kann.

Eine erhebliche Summe kannst Du sparen, wenn Du für die Übungsklausuren auf **Vorauflagen der Kommentare** zurückgreifst. Diese kosten in der Regel weniger als die Hälfte der aktuellen Auflage und sind völlig ausreichend, da zum Beispiel den Übungsklausuren bei Gericht keine brandaktuellen Fälle zugrunde liegen. Die Vorauflagen der in Deinem Bundesland im 2. Examen zugelassenen Kommentare solltest Du Dir in zeitlicher Hinsicht spätestens zu Beginn der jeweiligen Station besorgen, in der mit den Kommentaren gearbeitet wird.

Vorauflagen kannst Du beispielsweise über den **örtlichen Buchhandel** beziehen. Vielleicht kennst Du aber auch im Bekanntenkreis **ehemalige Referendare**, die vor kurzem mit dem 2. Examen fertig geworden sind oder kurz vor dem Abschluss stehen und ihre alten Auflagen sowieso (günstig) abgeben wollen. An einigen Gerichten findet zudem ca. einmal im Jahr ein Ausverkauf alter Bücher aus der Gerichtsbibliothek statt. Auch hier lohnt es sich, die Augen offen zu halten.

Natürlich kannst Du Dir die Vorauflagen der benötigten Kommentare am einfachsten bequem und günstig über das **Internet** bestellen. Anlaufstellen sind hierbei der Juristenkoffer.de-Shop oder der Referendarbuchladen:

www.juristenkoffer.de/shop

http://www.referendarbuchladen.de/gebraucht

> **Aber Achtung – nicht am falschen Ende sparen:**
>
> Für die Examensklausuren benötigst Du unbedingt die aktuellsten Auflagen der Kommentare. Diese kannst Du Dir einfach und günstig über www.juristenkoffer.de mieten.[*]

» Zugelassene Kommentare in den einzelnen Bundesländern

Selbstverständlich brauchst Du Dir nur die Kommentare in Vorauflage anzuschaffen, die in dem Bundesland, in dem Du Dein 2. Examen ablegst,

---

[*] Alle Infos zur Miete Deines Juristenkoffers haben wir Dir in Kapitel 10 (S. 61 ff.) dargestellt.

laut Hilfsmittelverordnung auch zugelassen sind. In allen Ländern sind für die zivilrechtlichen Klausuren der Palandt sowie der Thomas/Putzo und für die strafrechtlichen Klausuren der Fischer sowie der Meyer-Goßner/Schmitt zugelassen. Welche Kommentare in den Ländern darüber hinaus im schriftlichen Teil der zweiten juristischen Staatsprüfung verwendet werden dürfen, kannst Du der **nachfolgenden Tabelle** entnehmen:

Weitere zugelassene Kommentare im 2. Staatsexamen	
Baden-Württemberg	Kopp/Schenke, Kopp/Ramsauer
Bayern	Baumbach/Hopt, Kopp/Schenke, Kopp/Ramsauer, Jäde/Dirnberger/Weiß
Berlin / Brandenburg	Kopp/Schenke, Kopp/Ramsauer
Bremen / Hamburg / Schleswig-Holstein	Kopp/Schenke, Kopp/Ramsauer
Hessen	Kopp/Schenke
Mecklenburg-Vorpommern	Baumbach/Hopt, Kopp/Schenke, Kopp/Ramsauer
Niedersachsen	---
NRW	Baumbach/Hopt, Kopp/Schenke, Kopp/Ramsauer
Rheinland-Pfalz	Kopp/Schenke, Kopp/Ramsauer

Saarland	Baumbach/Lauterbach/Albers/Hartmann <u>oder</u> Zöller <u>oder</u> Musielak/Voit, Kopp/Schenke, Kopp/Ramsauer
Sachsen	Kopp/Schenke, Kopp/Ramsauer
Sachsen-Anhalt	Zöller, Kopp/Schenke, Kopp/Ramsauer
Thüringen	Kopp/Schenke, Kopp/Ramsauer

Wir empfehlen Dir ausdrücklich, von Beginn an examensnah an das Klausurenschreiben heranzugehen. Übungsklausuren solltest Du daher nur mit den genannten **im Examen zugelassenen Hilfsmitteln** lösen. Kommentare, die in Deinem Bundesland nicht erlaubt sind, solltest Du somit auf keinen Fall benutzen – auch nicht, wenn es sich vorerst nur um Übungsklausuren handelt.

Nutze keine im Examen nicht erlaubten Hilfsmittel

Zudem raten wir ausdrücklich davon ab, Übungsklausuren „zunächst" unter Zuhilfenahme von Skripten, Lehrbüchern oder gar dem Internet zu lösen.

» *Nutze die Hinweise und Hilfestellungen in den Kommentaren*

Bei der intensiven Auseinandersetzung und der Arbeit mit den Kommentaren wirst Du schnell feststellen, dass sich viele nützliche **Hilfestellungen** für die Klausurbearbeitung **bereits in den Kommentaren** finden lassen und Dir mühsames Auswendiglernen ersparen. So findet sich beispielsweise im Thomas/Putzo bei § 253 ZPO eine übersichtliche Darstellung der allgemeinen und besonderen Prozessvoraussetzungen. Ein Formulierungsmuster zur Abwendungsbefugnis findest Du bei § 711 ZPO.

» Weiterverkauf der Vorauflagen nach dem Examen

Wenn das 2. Examen überstanden ist und Du die Vorauflagen **nicht mehr benötigst**, kannst Du versuchen, diese an Referendare, die sich noch in der Ausbildung befinden, zu verkaufen oder – sollte es sich um eine sehr veraltete Auflage handeln – zu verschenken. So kommen im besten Fall noch ein paar Euro zusammen oder Du machst einem anderen Referendar eine Freude. Auf jeden Fall ist es allemal besser, als die Kommentare einfach im Papiercontainer zu entsorgen – auch wenn das überschwängliche Gefühl nach dem bestandenen Examen Dich dazu vielleicht am ehesten verleitet.

Auch **Universitäts- oder Gerichtsbibliotheken** nehmen, je nachdem wie alt die Auflage mittlerweile ist, Kommentare oftmals gerne als Spende entgegen. Und natürlich kannst Du auch gucken, ob Du Deine Kommentare nicht über das Internet, z.B. über http://www.referendarbuchladen.de/ankauf, verkaufen kannst.

9 Verplane frühzeitig Deinen Erholungsurlaub

Selbstverständlich steht auch Rechtsreferendaren ein **jährlicher Urlaubsanspruch** zu. Zwar sind die Anzahl an Urlaubstagen, die man pro Jahr nehmen kann, sowie die konkreten Voraussetzungen für die Genehmigung von Urlaub von Bundesland zu Bundesland sehr unterschiedlich geregelt. In allen Ländern gleich ist aber der Umstand, dass man in vielerlei Hinsicht darin beschränkt ist, wann man wieviel Urlaub nehmen darf. Daher sollte man als Referendar zu Beginn des Referendariats (und zu Beginn eines neuen Kalenderjahrs mit einem neuen Urlaubsanspruch) genau überlegen, wann man seinen Urlaub nehmen möchte, und seinen Urlaub **mit Weitsicht** verplanen.

» Vorab: Jeder Referendar hat gleich viele Urlaubstage

Früher wurde in den meisten Bundesländern der Anspruch auf Erholungsurlaub hinsichtlich der Anzahl der Tage, die dem Referendar pro Jahr zustehen, **nach dem Alter** gestaffelt. So erhielten beispielsweise Referendare aus NRW vor vollendetem 30. Lebensjahr 26 Arbeitstage Urlaub, vor vollendetem 40. Lebensjahr 29 Arbeitstage Urlaub und nach vollendetem 40. Lebensjahr 30 Arbeitstage Urlaub.[*]

Eine solche altersmäßige Staffelung ist jedoch nach dem Urteil des Bundesarbeitsgerichts vom 20.03.2012 **wegen Verstoßes gegen das Altersdiskriminierungsverbot** rechtswidrig. Das BAG hat in seiner Entschei-

---

[*] § 32 Abs. 4 JAG NRW iVm § 73 LBeamtG NRW a.F.

dung ausgeführt, dass ein Rechtfertigungsgrund für die Staffelung des Urlaubsanspruchs nach dem Alter des Arbeitnehmers und damit für die Altersdiskriminierung nicht gegeben sei. Die tarifliche Urlaubsstaffelung verfolge nicht das legitime Ziel, einem gesteigerten Erholungsbedürfnis älterer Menschen Rechnung zu tragen. Es lasse sich **kein gesteigertes Erholungsbedürfnis** von Beschäftigten bereits ab dem 30. beziehungsweise 40. Lebensjahr begründen.

Die Landesgesetzgeber haben auf diese Entscheidung reagiert und neue Regelungen zum Erholungsurlaub erlassen. Nach diesen neuen Vorschriften stehen jedem Beamten, Angestellten oder Referendar des jeweiligen Landes – unabhängig vom Alter – **gleich viele Tage Erholungsurlaub** zu.

» In vielen Zeiträumen herrscht Urlaubssperre

Für die sinnvolle Verplanung des Erholungsurlaubs muss jedem Referendar bewusst sein, dass in vielen Zeiträumen des juristischen Vorbereitungsdienstes eine **Urlaubssperre** besteht, in denen der Antrag auf Gewährung von Urlaub abgelehnt werden würde.[*] Sinn dieser Urlaubssperren ist es, das Ziel des juristischen Vorbereitungsdienstes nicht durch Fehlzeiten des Referendars zu gefährden.

- So beginnen alle Stationen mit Einführungslehrgängen, in denen den Referendaren das Rüstzeug für die praktische Stationsarbeit vermittelt wird. Während dieser **Einführungslehrgänge** ist die Genehmigung von Erholungsurlaub regelmäßig ausgeschlossen.

---

[*] Die Einschränkungen hinsichtlich der Gewährung von Urlaub variieren von Bundesland zu Bundesland. Um die Ausführungen übersichtlich zu halten, stellen wir im Folgenden exemplarisch nur die Regelungen für das Land NRW dar.

- In NRW besteht darüber hinaus **in den ersten drei Monaten** des Rechtsreferendariats Urlaubssperre. Dies müssen vor allem die Referendare berücksichtigen, die im 1. Examen einen Verbesserungsversuch unternommen haben und deren mündliche Prüfung in das schon begonnene Referendariat fällt. Aufgrund der Urlaubssperre in den ersten drei Monaten muss man dann für die mündliche Prüfung Sonderurlaub beantragen und kann keinen Erholungsurlaub dafür verwenden, um sich eine oder zwei Wochen intensiv auf die Prüfung vorzubereiten.
- Selbstverständlich besteht schließlich eine Urlaubssperre **für die Zeit der schriftlichen Klausuren** im 2. Examen.

Nach **§ 32 Abs. 5 JAG NRW** ist darüber hinaus der Erholungsurlaub so zu nehmen, dass auf den ersten Ausbildungsabschnitt (Zivilrechtsstation) höchstens 15 Urlaubstage entfallen, ansonsten auf dreimonatige Ausbildungsabschnitte höchstens zehn Urlaubstage, auf mindestens viermonatige Ausbildungsabschnitte höchstens 15 Urlaubstage und auf mindestens sechsmonatige Ausbildungsabschnitte höchstens 20 Urlaubstage entfallen.

Schließlich besteht eine Einschränkung dahingehend, dass aufgrund der Regelung in § 19 Abs. 1 FrUrlV NRW, wonach der Erholungsurlaub (nur dann) geteilt werden kann, soweit dadurch der Urlaubszweck nicht gefährdet wird, Erholungsurlaub nur für die Dauer von **mindestens einer Woche** gewährt wird; der Antrag auf Urlaub für einzelne Tage wird in aller Regel also abgelehnt.

» Keinen Urlaub während der Klausurwochen bei Gericht

Etwas überraschend ist es, dass **keine Urlaubssperre** für Zeiträume besteht, in denen bei Gericht Übungsklausuren oder ganze Klausurwochen geschrieben werden. Es ist daher zumindest theoretisch möglich, in einer dieser Wochen Urlaub zu nehmen.

Wir raten selbstverständlich dringend davon ab, Urlaub zu nehmen und dadurch Übungsklausuren bei Gericht zu verpassen. Im 2. Examen kommt es maßgeblich darauf an, gut und erfolgreich Klausuren schreiben zu kön-  nen. Daher ist es **enorm wichtig**, jede der bei Gericht angebotenen Klausuren mitzuschreiben; dies gilt insbesondere deshalb, weil die Übungsklausuren bei Gericht – anders als die zusätzlichen Klausuren eines kommerziellen Anbieters – in einem Termin ausführlich besprochen werden und so ggf. Nachfragen zur eigenen Lösung möglich sind. Wer seinen Erholungsurlaub einer Übungsklausur bei Gericht vorzieht, hat ganz offensichtlich im Hinblick auf das Referendariat und das Assessorexamen die Prioritäten falsch gesetzt.

Tipp: Verschwende keinen Urlaub „zwischen den Jahren"

Kein Referendar möchte zwingend die Zeit zwischen Weihnachten und Silvester am Referendarort verbringen müssen. Dementsprechend stellt sich für alle Referendare stets die Frage, ob man nicht für diese Woche „zwischen den Jahren" Urlaub nehmen sollte. Grundsätzlich ist das natürlich nachvollziehbar; man sollte aber auch keine Urlaubstage verschwenden.

Wenn Du nicht gerade im Dezember des Jahres in einer Station mit täglicher Anwesenheitspflicht bist, solltest Du folgendermaßen vorgehen: Die meisten Juristen haben – genauso wie auch die Referendare – keine Lust, zwischen Weihnachten und Silvester Akten zu bearbeiten, sondern nutzen die Brückentage zur Erholung. Versuche also zunächst in einem lockeren Gespräch herauszufinden, ob Dein Ausbilder in dieser Woche „zwischen den Jahren" überhaupt im Büro ist. Ist er das nicht, ist es auch höchstwahrscheinlich, dass Du in diesen Tagen auch nicht für das Abholen, Besprechen oder Abgeben von Akten dort erscheinen musst. Dann kannst Du Dir es sparen, für diesen Zeitraum selbst Urlaub nehmen zu müssen. Ist Dein Ausbilder ein Arbeitstier und anwesend, versuche mit ihm zu vereinbaren, dass in die Zeit zwischen den Feiertagen kein Besprechungstermin gelegt wird. In der Regel werden Ausbilder hier mit Verständnis reagieren. Nur für den Fall, dass mit keinem Verständnis diesbezüglich seitens des Ausbilders zu rechnen ist oder Du gerade eine Station mit Anwesenheitspflicht absolvierst, reiche rechtzeitig Urlaub für die entsprechenden Tage ein.

» *„Tauchen" vor dem Examen berücksichtigen*

Unmittelbar vor dem Beginn des schriftlichen Examens ist eine gewisse Zeit für die **intensive Vorbereitung auf die Klausuren** einzuplanen. Da die Klausuren in aller Regel am Ende der Anwaltsstation geschrieben werden, muss man bereits in den ersten Gesprächen mit einer möglichen Ausbildungskanzlei das Thema „Tauchen" offensiv ansprechen – auch wenn dies eine gewisse Überwindung kostet.

Was versteht man unter „Tauchen"?

Unter den Referendaren ist es gang und gäbe, sich die letzten Monate vor dem schriftlichen Examen ausschließlich auf die anstehenden Klausuren vorzubereiten und keine Akten mehr für den Stationsausbilder zu bearbeiten, ohne für diese Zeit offiziell Urlaub zu nehmen. Dies wird unter Referendaren als „Tauchen" bezeichnet. Üblich ist es, ca. drei Monate am Ende der Anwaltsstation zu „tauchen".

Dass das "Tauchen" nicht in der Juristenausbildungsordnung vorgesehen ist, dürfte jedem bewusst sein. Trotz alledem haben viele Ausbildungskanzleien durchaus Verständnis dafür, dass man als Referendar eine intensive Vorbereitungszeit auf das 2. Examen benötigt. Daher überrascht es, dass die Referendarabteilung des Kammergerichts Berlin das "Tauchen" nun verbieten will. Laut Kammerton, der digitalen Kammerzeitung der RAK Berlin, wird die Referendarabteilung des KG in Zukunft stärker gegen "die Unsitte des Tauchens" vorgehen. Konkret sollen nun die Ausbildungsberichte aus den Anwaltsstationen im Hinblick auf das "Tauchen" genauer kontrolliert und ggf. die Unterhaltsbeihilfen gekürzt werden. Unterstützung für diese strengeren Kontrollen bekommt das KG vom Vorstand der Rechtsanwaltskammer Berlin. Das "Tauchen" reduziere die Zeit für die Ausbildung der Referendarinnen und Referendare im Hinblick auf den Anwaltsberuf, da das Tauchen stets in die Anwaltsstation falle.

Es bleibt abzuwarten, wie streng zukünftig die Tätigkeit der Referendare in der Anwaltsstation kontrolliert wird. Das wichtigste ist, dass Anwalt und Referendar das Thema "Tauchen" vor der Einigung über eine Station in der Kanzlei bzw. dem Unternehmen offensiv besprechen und ggf. klare Grenzen und Bedingungen hierfür festlegen.

Nur für den Fall, dass **das „Tauchen"** vor den Examensklausuren beim jeweiligen Rechtsanwalt **auf kein Verständnis stößt**, man aber aus anderen Gründen trotz alledem dringend als Referendar in dieser Kanzlei arbeiten möchte, muss man ausreichend Urlaubstage ansparen, um zumindest durch ein geschicktes Legen seines Jahresurlaubs einige Woche frei zu haben und diese für die Vorbereitung auf das Examen nutzen zu können.

Gegebenenfalls muss man sich in diesem Zusammenhang in den **einschlägigen Vorschriften darüber informieren**, ob und wie viele bzw. unter welchen Voraussetzungen man noch nicht genutzte Urlaubstage aus dem Vorjahr in das nächste Jahr mit rüber nehmen darf.

» Frühzeitige Planung erforderlich

Berücksichtigt man die vielen Regelungen zu den bestehenden Urlaubssperren sowie die Zweckmäßigkeitserwägungen, wann es sinnvoll bzw.
unsinnig ist, Urlaub zu nehmen, wird deutlich, dass man seinen Jahresurlaub **frühzeitig und mit Weitblick** verplanen sollte. Hat man bei der Planung einen Fehler gemacht und noch Urlaubstage übrig, obwohl das
Rechtsreferendariat bereits beendet ist, ist dies ärgerlich, da die nicht ge-
nommenen Urlaubstage verfallen und dem Referendar **kein Abgeltungsanspruch** zusteht.

Dies haben zumindest die Verwaltungsgerichte Trier (Urt. vom 10.05.2011
– Az.: 1 K 1550/10.TR) sowie Berlin (Urt. vom 03.05.2013 – Az.: 5 K 158.11) in
erster Instanz so entschieden. Beide Gerichte begründeten ihre Entschei-
dung nachvollziehbar damit, dass ein Abgeltungsanspruch über den
Wortlaut des Art. 7 Abs. 2 der Richtlinie 2003/88/EG voraussetzt, dass der
Betroffene aus **von seinem Willen unabhängigen Gründen** nicht in der
Lage gewesen sei, seinen Anspruch auf bezahlten Jahresurlaub vor dem
Ende des Arbeitsverhältnisses auszuüben. Daran mangele es, da **ein Referendar wisse**, dass er mit Bestehen des Examens aus dem Vorbereitungsdienst ausscheidet.

Der Berliner Ex-Referendar ist gegen das oben genannte Urteil des VG
Berlin in Berufung gegangen. Und überraschenderweise hat das zustän-
dige OVG Berlin-Brandenburg mit Beschluss vom 13.09.2016 (Az.: OVG 4
B 38.14) **das Verfahren ausgesetzt und dem EuGH die Frage vorge-
legt**, ob ein Referendar einen Anspruch auf Urlaubsabgeltung hat, wenn
er bis zum Ende des Vorbereitungsdienstes nicht seinen gesamten Urlaub
genommen hat und – das ist der entscheidende Punkt – dafür selbst ver-
antwortlich ist. Es bleibt abzuwarten, wie sich nun der EuGH äußert und
ob zukünftig ein Abgeltungsanspruch für Referendare besteht.

10 Miete Dir frühzeitig die aktuellsten Kommentare für das Examen

Als wir vor Jahren unser 2. Staatsexamen schrieben, war es noch relativ schwierig, kostengünstig an die im Examen zugelassenen Kommentare in aktuellster Auflage zu kommen. In NRW gab es nur einzelne Buchhandlungen, die lokal einen Verleihservice anboten; an unserem Landgerichtsort Detmold gab es **gar keine Möglichkeit**, sich die Kommentare zu mieten.

Nach dem Examen hatten wir daher die Idee, via Internet ein **bundesweites Mietangebot** zu schaffen und Referendaren kostengünstig und unkompliziert die Kommentare für das schriftliche Examen zur Verfügung zu stellen. Wir waren **deutschlandweit der erste Anbieter** von Mietkommentaren; inzwischen gibt es weitere Anbieter mit einem vergleichbaren Angebot.

» Gehe mit den aktuellsten Auflagen ins Examen

Nicht alle, aber viele Klausuren im 2. Examen sind aktuellen Entscheidungen nachgebildet. Da die Justizprüfungsämter etwas Zeit zum Entwickeln der Klausuren benötigen, liegen „aktuellen" Klausuren Urteile oder Beschlüsse zugrunde, die ca. **ein bis eineinhalb Jahre** alt sind. Um die bestmöglichen Chancen im 2. Examen zu haben, sollte man in jedem Fall die **aktuellsten Auflagen der Kommentare** nutzen.

Diese Empfehlung sprechen wir nicht einfach nur so aus. In unserem eigenen Klausurdurchgang lag einer zwangsvollstreckungsrechtlichen Klausur eine Entscheidung des BGH zugrunde. In dieser Entscheidung hatte der BGH einen Wechsel vollzogen: In einer bestimmten Konstellation hielt das Gericht nunmehr **statt einer Erinnerung eine Vollstreckungs-gegenklage** für das statthafte Rechtsmittel. Diese Entscheidung war nur in der Kommentierung der neuesten Auflage des Thomas/Putzo bereits berücksichtigt. Dies führte dazu, dass alle Referendare, die diesen aktuellen Kommentar verwendeten, eine Vollstreckungsgegenklage prüften, während alle anderen Referendare, die aus Kostengründen mit einer Vorauflage des ZPO-Kommentars in die Klausur gingen, eine Erinnerung prüften. Nach Bekanntgabe der Klausurergebnisse zeigte sich, dass alle (!) Referendare aus unserer AG, die eine Erinnerung statt einer Vollstreckungsgegenklage prüften, in dieser Zivilrechtsklausur **3 Punkte oder weniger** erhielten. Aus eigener Erfahrung wissen wir, dass man nicht am falschen Ende sparen sollte.

» Teure Kommentare mit jährlicher „Preissteigerungsgarantie"

Wie jeder weiß, sind die im Examen zugelassenen Kommentare **sehr teuer**. So muss man beispielsweise für die sieben in NRW zugelassenen Kommentare inzwischen 584 Euro ausgeben. Dabei erscheinen die Kommentare jedes Jahr in Neuauflage, sodass sich ein Kauf der Bücher nur für das 2. Examen nicht lohnt. Zudem ist eine **stetige Preissteigerung garantiert**, wie ein Vergleich der Anschaffungskosten in unserem ersten Jahr von Juristenkoffer.de mit den aktuellen Preisen der Bücher zeigt:

	Preis im Jahr 2006	**Preis im Jahr 2017**
Palandt	100 Euro	115 Euro
Thomas/Putzo	52 Euro	63 Euro
Fischer	68 Euro	92 Euro

Meyer-Goßner/Schmitt	70 Euro	92 Euro
Kopp/Schenke	62 Euro	65 Euro
Kopp/Ramsauer	56 Euro	62 Euro
Baumbach/Hopt	78 Euro	95 Euro

Auf unserer Seite www.juristenkoffer.de bieten wir daher die Möglichkeit, die Kommentare **kostengünstig zu mieten statt sie zu kaufen**. Der Mietpreis beträgt in der Regel 100 Euro; für Gruppen ab 7 Bestellern gewähren wir einen Rabatt in Höhe von 10 Euro pro Person. Alle weiteren Infos findest Du auf unserer Seite.

» *Wichtig: frühzeitig buchen!*

Vor kurzem erreichte uns folgende E-Mail einer offensichtlich **verzweifelten Referendarin**:

„Liebes Juristenkoffer.de-Team,

ich habe erst heute Morgen in der AG erfahren, dass meine Referendarkollegen bereits vor einigen Wochen und Monaten bei euch einen Juristenkoffer für Dezember reserviert haben. Nach meiner Bestellung habt ihr mir nun eine Ablehnung gemailt, was der absolute Schock für mich war. Ich wusste nicht, dass man sich so frühzeitig um die Kommentare kümmern muss. Nun stehen in wenigen Wochen die Klausuren an und ich weiß einfach nicht, wo ich die Bücher sonst herbekommen soll. Ich kann es mir finanziell einfach nicht leisten, die Kommentare neu zu kaufen. Können wir da nicht irgenDeine Lösung für mich finden? Möglicherweise könnt ihr ja kurzfristig euer Kontingent erweitern?

Viele Grüße, Miriam"

Damit Du nicht in dieselbe Situation kommst, solltest Du Dir **sehr frühzeitig** Deinen Juristenkoffer sichern. Wir empfehlen grundsätzlich, sich
die Kommentare **mindestens sechs Monate vor dem Examenstermin**
zu sichern. Es gibt aber Klausurmonate, in denen so viele Referendare in
verschiedenen Bundesländern das 2. Examen schreiben, sodass auch diese
Vorlaufzeit nicht ausreicht und alle Juristenkoffer bereits mehr als ein Jahr
im Voraus vergeben sind.[*]

**Tipp: Gib Deine Bestellung direkt nach Kenntnis Deines Einstel-
lungstermins auf**

Sobald Du Deinen Einstellungstermin kennst und weißt, wann Du ins
Referendariat startest, kannst Du Dir auf www.juristenkoffer.de Deine
Examenskommentare sichern. Der Examenstermin lässt sich anhand
des Einstellungsmonats ohne Probleme ermitteln. Solltest Du Dir un-
sicher sein, wann für Dich die Klausuren im 2. Examen anstehen,
kannst Du einfach unseren „Examenstermin-Rechner" nutzen, den wir
auf unserer Seite allen Referendaren zur Verfügung stellen. Der Rech-
ner ist auf der Seite des Bestellformulars über einen Link aufrufbar.

Eine frühzeitige Bestellung hat auch **keine finanziellen Nachteile** für
Dich. Die Rechnung für Deinen Juristenkoffer erhältst Du stets erst ca.
sechs Wochen vor Beginn der Klausuren. Du musst also den Juristenkoffer
nicht früher bezahlen, auch wenn Du Deine Bestellung frühzeitig aufgibst.

---

[*] Zu diesen Klausurmonaten mit extrem hoher Nachfrage zählen insbesondere die
Monate Juni und Dezember eines Jahres.

Der **verzweifelten Referendarin** haben wir letztlich noch helfen können. Nachdem ein Kollege krankheitsbedingt von seiner Bestellung zurückgetreten war, konnten wir ihr den Juristenkoffer für das Examen zur Verfügung stellen.

11 Mache eine Steuererklärung

Für die meisten Referendare dürfte die Unterhaltsbeihilfe das **erste regelmäßige „Gehalt"** sein, das sie in ihrem Berufsleben beziehen. Rechtsreferendare stehen daher in der Regel das erste Mal vor der Frage, ob sie eine **Steuererklärung** machen und beim Finanzamt einreichen sollten.

» Lohnsteuerpflichtigkeit der Unterhaltsbeihilfe

Die Unterhaltsbeihilfe für Rechtsreferendare fällt zwar nicht allzu hoch aus. Dennoch übersteigt diese auf das Jahr gesehen – anders als regelmäßig der Lohn von studentischen Nebenjobs – den **steuerlichen Grundfreibetrag** in Höhe von aktuell 8.820 Euro, sodass auf die darüberhinausgehende Beihilfe Lohnsteuer zu zahlen ist.

> **Ergänzender Hinweis**
>
> Der Grundfreibetrag in Höhe von 8.820 Euro gilt dabei für alle (Gering-)Verdiener, die steuerlich allein veranlagt werden. Bei Paaren, die verheiratet sind und gemeinsam veranlagt werden, gilt der doppelte Grundfreibetrag. Ein Ehepaar erhält somit einen Steuerfreibetrag in Höhe von 17.640 Euro.

Und gerade weil die Unterhaltsbeihilfe so eben zum Leben reicht, sollte man tunlichst **kein Geld verschenken**. Unsere Empfehlung lautet daher auf jeden Fall eine Steuererklärung zu machen.

» Keine Pflicht zur Abgabe einer Steuererklärung

Klarstellend sei darauf hingewiesen, dass trotz der Lohnsteuerpflichtigkeit des Einkommens der Referendare **grundsätzlich keine Pflicht** zur Abgabe einer Steuererklärung besteht. Vielmehr ist man nur dann zur Abgabe einer Erklärung verpflichtet, wenn das Gesetz dies bestimmt.

Die wichtigsten Fälle des hier entscheidenden § 46 EStG sind:

- Die steuerpflichtigen Nebeneinkünfte liegen über 410 Euro,

- es wurde ein Freibetrag eingetragen,

- es wurde Arbeitslosengeld, Krankengeld oder Kurzarbeitergeld etc. über 410 Euro bezogen,

- es bestanden parallel mit mehreren Arbeitgebern Arbeitsverhältnisse,

- es liegen Kapitalerträge vor, bei denen keine Abgeltungsteuer erhoben werden konnte,

- nicht verheiratete oder geschiedene Eltern wollen bestimmte Freibeträge für ein Kind übertragen oder

- ein Ehepartner hatte das ganze Jahr oder zeitweise die Steuerklasse 5 oder 6.

» Einzuhaltende Fristen

Wenn man nicht zur Abgabe einer Einkommensteuererklärung verpflichtet ist, hat man **vier Jahre** Zeit, sich zu viel gezahlte Lohnsteuer vom Finanzamt zurückzuholen. Geht die freiwillige Steuererklärung nicht innerhalb von vier Jahren nach Ablauf des Steuerjahrs beim Finanzamt ein, tritt die Festsetzungsverjährung ein und das Finanzamt bearbeitet die Steuererklärung nicht mehr. Gegebenenfalls kannst Du also auch noch **rückwirkend** Steuererklärungen für den Zeitraum des Referendariats beim Finanzamt einreichen.

» Mögliche absetzbare Kosten

Die Abgabe einer Steuererklärung, um zumindest einen Teil der gezahlten Lohnsteuer in Jahr zurück zu erhalten, lohnt sich bei Juristen auch gerade deshalb, weil während der Ausbildung **viele absetzbare Kosten** anfallen, die sich auf einen nicht zu unterschätzenden Betrag summieren können. Beispiele für absetzbare Kosten eines Referendars sind unter anderem:

(1) Kosten für Ausbildungsliteratur

Juristische Bücher sind teuer. Neben Lehrbüchern muss man sich als Referendar für die Übungsklausuren bei Gericht auch die Vorauflagen der Kommentare anschaffen, die zwar deutlich günstiger als die aktuellen Auflagen sind, aber dennoch noch viel Geld kosten. Sämtliche Ausgaben für diese **Fachliteratur** sind steuerlich absetzbar. Dies gilt selbstverständlich auch dann, wenn man sich für das schriftliche Examen die aktuellen Kommentare nicht kauft, sondern einen **Juristenkoffer** mietet; der Mietpreis für die Bücher kann ebenfalls steuerlich geltend gemacht werden.

(2) Kosten für einen möglichen Umzug

Die meisten Referendare werden den juristischen Vorbereitungsdienst nicht dort absolvieren, wo sie studiert haben, sondern ziehen für das Referendariat um. **Beruflich bedingte Umzugskosten** sind aber steuerlich absetzbar!

Als absetzbare Kosten kommen konkret in Betracht:

- 30 Cent pro Kilometer für Fahrten zu Wohnungsbesichtigungen,

- Maklergebühren für Mietimmobilien,

- doppelte Mietzahlungen für bis zu sechs Monate, falls Du Deine alte Wohnung nicht sofort kündigen konntest,

- maximal drei Monatsmieten für die neue Wohnung, die noch nicht genutzt werden kann,

- Kosten für den Transport des Hausrats und

- Kosten für einen Kochherd bis zu 230 Euro sowie für Öfen bis zu 164 Euro.

Sämtliche genannten Ausgabenpositionen müssen natürlich mit Belegen nachweisbar sein. Darüber hinaus – also zusätzlich – kann man einen **Pauschalbetrag** ansetzen, ohne Einzelnachweise erbringen zu müssen. Die Pauschale beträgt zur Zeit bei Ledigen 764 Euro und bei Verheirateten 1.528 Euro.[*]

(3) Fahrtkosten zu Gericht

In Betracht kommt zudem das Absetzen der Fahrtkosten zwischen Wohnung und dem Gericht als Ausbildungsstelle in Form der sogenannten **Entfernungspauschale**. Die Entfernungspauschale beträgt 0,30 Euro pro Kilometer. Dabei ist immer nur der einfache Weg anzusetzen.

Beispiel für die Berechnung der Entfernungspauschale:

Fährst Du also beispielsweise 3 x wöchentlich zum Gericht und beträgt die Entfernung zwischen Deiner Wohnung und dem Gericht 8 km,

---

[*] Für den Fall, dass Du innerhalb von fünf Jahren bereits Deinen zweiten beruflich veranlassten Umzug hinter Dich gebracht hast, erhöht sich die Umzugspauschale sogar um weitere 50 Prozent.

kannst Du 7,20 Euro (= 3 x 8 km x 0,30 Euro) pro Woche absetzen. Auf das Jahr gesehen können so ordentliche Summen zusammenkommen.

(4) Häusliches Arbeitszimmer

Selbst wenn Du viel zu Hause lernen und Akten bearbeiten solltest, dürfte das Absetzen der anteiligen Mietkosten als sogenanntes „**häusliches Arbeitszimmer**" eher nicht in Betracht kommen. Zwar steht Referendaren kein Arbeitsplatz bei Gericht zur Verfügung, sodass das Einrichten eines Arbeitsplatzes zu Hause gerechtfertigt erscheint. Die Finanzverwaltung stellt aber erhebliche räumliche Anforderungen an ein solches häusliches Arbeitszimmer, die Referendare in aller Regel nicht erfüllen dürften. So muss das häusliche Arbeitszimmer ein Raum sein, der ausschließlich oder nahezu ausschließlich zu betrieblichen und/oder beruflichen Zwecken genutzt wird. Hieran dürfte es bereits bei nahezu jedem Referendar mangeln.

» Überschaubarer Aufwand der Steuererklärung

Lass Dich auch vom vermeintlichen Aufwand einer Steuererklärung nicht abschrecken. Zum einen kannst Du Dir die von der Finanzverwaltung zur Verfügung gestellte **Software ElsterFormular** einfach kostenlos herunterladen[*]. In dem Programm selbst gibt es viele Ausfüllhilfen, die Dir das Erstellen der Steuererklärung erleichtern.

Zum anderen ist wichtig zu wissen, dass aus der sogenannten Belegpflicht eine **Belegvorhaltepflicht** wird. Das bedeutet: Bislang war jeder Steuerzahler verpflichtet, bestimmte Belege mit seiner Steuererklärung beim Fi-

---

[*] Das Programm ist auf der Seite https://www.elster.de downloadbar.

nanzamt einzureichen. Seit 2017 hat sich dies geändert. Wer seine Steuererklärung abgibt, ist nun grundsätzlich nicht mehr verpflichtet, Belege mit einzureichen. Das erspart nicht nur Dir, sondern auch dem Finanzamt Arbeit. Nur **auf Nachfrage** musst Du einzelne Belege zum Nachweis angesetzter Kosten beim Finanzamt einreichen.

Aber Vorsicht:

Das neue Gesetz ist zwar zum 1. Januar 2017 in Kraft getreten; die Änderungen gelten aber erst für Belege, die man für das Steuerjahr 2017 sammelt.

12   Buchtipps für die Zivilrechtsstation

Vorab: Für die Auswahl der für Dich richtigen Lehrbücher und natürlich auch für den Kauf der Literatur empfehlen wir Dir unseren **Referendarbuchladen** (http://www.referendarbuchladen.de). Denn unabhängig davon, für welches Buch Du Dich letztlich entscheidest: Nur im Referendarbuchladen sind alle Bücher speziell für Rechtsreferendare gelistet. Und dadurch, dass wir die Bücher **kategorisiert** haben, hast Du – anders als bei Amazon & Co. – bei uns die Möglichkeit, Dir einen **umfassenden Überblick** dazu zu verschaffen, welche Bücher es zu einem bestimmten Thema überhaupt gibt.

» Unsere Buchempfehlungen

Für die Zivilrechtsstation braucht man auf jeden Fall ein Lehrbuch, mit dem man sich aneignet, wie ein zivilrechtliches Urteil zu schreiben ist. Zudem muss dieses Lehrbuch auf alle **Besonderheiten des Zivilprozessrechts** eingehen, welche Einfluss auf den Aufbau und den Inhalt eines Zivilurteils haben. Darüber hinaus sollte man sich ein Lehrbuch anschaffen, das das im 2. Examen **sehr wichtige Zwangsvollstreckungsrecht** umfassend darstellt. Schließlich benötigt man für die Übungsklausuren bei Gericht die Kommentare von Palandt und Thomas/Putzo als günstige Vorauflagen.

(1) Urteil / Zivilprozessrecht

Wir empfehlen Dir, auf die „Klassiker" in der Referendarausbildung zurückzugreifen. Zu diesen Klassikern zählt zum einen das Buch von „**Oberheim – Zivilprozessrecht für Referendare**"; zum anderen ist hier auch das Buch von „**Anders/Gehle – Das Assessorexamen im Zivilrecht**" zu nennen, das in vielen Bundesländern das Standardwerk schlechthin in der Referendarausbildung ist und welches wir uneingeschränkt allen Referendaren als Lehrbuch zu den Themen Urteil bzw. Zivilprozessrecht empfehlen können. Es ist mit ca. 600 Seiten ein sehr ausführliches Buch, das somit auf jeden Fall alles Wichtige für die Zivilrechtsstation behandelt.

Gerade der **Umfang des „Anders/Gehle"** schreckt einige Referendare davon ab, sich dieses Buch als Einstieg zu kaufen. Das ist aber unserer Ansicht nach ungerechtfertigt. Zwar bleibt es bei einem so großen Umfang nicht aus, dass manche Themen in dem Buch zu ausführlich und detailliert dargestellt werden.[*] Aber spätestens nach dem erfolgreich absolvierten Jurastudium sollte man als Referendar in der Lage sein, ggf. nicht so Wichtiges in einem Lehrbuch lediglich zu überfliegen oder sogar gar nicht zu lesen. Außerdem muss man das Buch erst bis zum Ende der Zivilrechtsstation durchgearbeitet haben. Bei einer Station, die in allen Ländern auf mindestens fünf Monate angelegt ist, ist das Durcharbeiten eines Buchs mit 600 Seiten **ohne Probleme zu schaffen**.

Hinweis lediglich zur Klarstellung:

Die von uns angeführten Buch- und Literaturempfehlungen sind natürlich weder mit den jeweiligen Autoren abgesprochen worden, noch sind sie für uns von finanziellem Vorteil. Die Empfehlungen basieren vielmehr ausschließlich auf positiven Erfahrungen in unserem eigenen Referendariat.

Insbesondere in Süddeutschland ist als weiteres Standardwerk das Buch von „**Knöringer/Kunnes – Die Assessorklausur im Zivilprozess**" weit verbreitet. Mit ca. 330 Seiten ist das Buch weniger umfangreich als das

---

[*] Hierzu zählen beim „Anders/Gehle" beispielsweise die zu lang geratenen Ausführungen zur Relationstechnik sowie zur Baumbach'schen Kostenformel.

Buch von „Anders/Gehle"; trotz alledem beinhaltet es ebenfalls alles, was man als Referendar in der Zivilrechtsstation braucht.

(2) Zwangsvollstreckungsrecht

Zum Thema Zwangsvollstreckungsrecht gibt es deutlich weniger Lehrbücher, die sich speziell an Rechtsreferendare richten. Das etablierteste Werk in diesem Bereich ist mit Sicherheit das Buch von **„Lackmann – Zwangsvollstreckungsrecht"**, welches wir uneingeschränkt empfehlen möchten. Gerade diejenigen, die sich im Studium noch nicht intensiv mit dem Zwangsvollstreckungsrecht beschäftigt und etwas „auf Lücke" gesetzt haben, sollten nun zu diesem etwas ausführlicheren Lehrbuch greifen.

> **Tipp: Spare Geld und greife auf gebrauchte Bücher zurück**
>
> Lehrbücher für Referendare sind teuer. Im Referendarbuchladen (dort in der Kategorie „2. Hand") bieten wir regelmäßig gebrauchte Bücher in gutem Zustand von ehemaligen Referendaren zu einem deutlich geringeren Preis an. So kann man bei der Anschaffung der im Referendariat notwendigen Literatur den einen oder anderen Euro sparen.
>
> Und Referendare, die sich bereits einen Juristenkoffer reserviert haben, erhalten auf den Preis gebrauchter Skripte weitere 10 % Rabatt!

(3) Vorauflagen der Kommentare

Spätestens wenn die ersten Übungsklausuren bei Gericht anstehen, benötigt man die **Vorauflagen von Palandt und Thomas/Putzo**, die Du ebenfalls im Referendarbuchladen in der Kategorie „2. Hand" oder auch im Juristenkoffer.de – Shop findest.

Wir versuchen, durch den Ankauf gebrauchter Literatur die Vorauflagen der Kommentare für die Referendare **das ganze Jahr über** anbieten zu können. Gerade der ZPO-Kommentar von Thomas/Putzo ist allerdings sehr begehrt und daher regelmäßig schnell vergriffen.

13 Buchtipps für die Strafrechtsstation

Die Strafrechtsstation beginnt mit einer Einführungs-AG, die den Referendaren innerhalb von in der Regel drei Wochen das **Strafprozessrecht** einerseits sowie den **Aufbau und den Inhalt einer Anklageschrift** anderseits vermittelt. Dies ist auch sinnvoll. Denn zum einen wird man in der Strafrechtsstation als sogenannter Sitzungsvertreter der Staatsanwaltschaft eingesetzt. Da man die Anklagebehörde vertritt und die Anklage verliest, muss man den (prozessualen) Ablauf eines Strafverfahrens sowie den Aufbau und Inhalt einer Anklageschrift verstanden haben. Zum anderen wird man in aller Regel einem Staatsanwalt zur **praktischen Ausbildung** zugewiesen. Im Rahmen dieser Ausbildung erhält man wöchentlich Akten vom Ausbilder zur Bearbeitung. Oftmals sind die Sachverhalte, die den Fällen zugrunde liegen, bereits „ausermittelt", sodass die Aufgabe für den Referendar nun gerade darin besteht, die Anklageschrift zu entwerfen.

» Lehrbuch zum Strafprozessrecht / Anklage

Nicht zuletzt deshalb, weil mindestens eine der Strafrechtsklausuren im 2. Examen in jedem Bundesland die **Fertigung einer Anklageschrift** zum Gegenstand hat, muss man sich ein möglichst umfassendes Lehrbuch zu diesem Thema zulegen und während der Strafrechtsstation durcharbeiten. Leider gibt es bei der strafrechtlichen Literatur für Rechtsreferendare keine „Standardwerke", so wie es bei der Zivilrechtsstation der Fall ist. Ein sehr gutes Lehrbuch zum Thema Strafprozessrecht bzw. Verfassen einer Anklageschrift ist aber das Buch von „**Haller/Conzen – Das Straf-**

verfahren", das wir uneingeschränkt empfehlen können. Dieses Lehrbuch ist bereits in der 7. Auflage erschienen und behandelt auf ca. 600 Seiten alle Themen, die man in der Strafrechtsstation bzw. für die Anklageklausur(en) im schriftlichen Examen können muss.

» Lehrbuch zum Revisionsrecht bzw. Strafurteil

Ob man sich zusätzlich Lehrbücher zum **Revisionsrecht** und / oder zur **Abfassung eines Strafurteils** zulegen muss, ist von Bundesland zu Bundesland unterschiedlich zu beantworten. Während zum Beispiel in NRW die S2-Klausur im Examen stets entweder eine Revisionsklausur oder eine  (Straf-)Urteilsklausur ist, schreiben die Referendare in Niedersachsen im 2. Examen ausschließlich eine Anklageklausur und brauchen sich auf diese beiden Themengebiete nicht vorbereiten. Im GJPA Bezirk Berlin / Brandenburg wiederum ist zwar eine Revision denkbar, strafrechtliche Urteilsklausuren werden dagegen im 2. Examen nicht gestellt.*

Muss man sich im Rahmen der Ausbildung und für die Klausuren im 2. Examen mit dem Revisionsrecht beschäftigen, empfehlen wir als Lehrbuch das kompakte Werk von **„Russack – Die Revision in der strafrechtlichen Assessorklausur"**. Der Autor ist Repetitor bei den Kaiser-Seminaren und stellt auf ca. 180 Seiten alles Wesentliche und für das Examen Notwendige zum Revisionsrecht dar. Dazu wertet Russack die strafrechtlichen Revisionsklausuren im zweiten Examen regelmäßig aus, was

---

* Ob Revisionsrecht und/oder Urteilsklausuren im Strafrecht in Deinem Bundesland zum Prüfungsstoff im 2. Examen gehören, solltest Du rechtzeitig bei Deinem AG-Leiter, der Referendarabteilung oder – wenn Du ganz sichergehen willst – beim zuständigen Justizprüfungsamt erfragen. Die Justizausbildungsordnungen enthalten dagegen in aller Regel keine Informationen dazu, ob diese Themen Prüfungsgegenstand in den Klausuren des 2. Staatsexamens sein können.

gerade die **Examensrelevanz der Ausführungen** sichert. Die Referendare, die im Examen auch mit einer Urteilsklausur rechnen müssen, sollten sich zudem das Buch von „**Ziegler – Das Strafurteil**" anschaffen. Dieses Buch erscheint in Kürze bereits in der 7. Auflage und ist mit ca. 150 Seiten auch nicht allzu umfangreich.

> **Wichtiger Hinweis: Bloß nicht auf Lücke setzen!**
>
> Früher war es einmal so, dass man zum Beispiel als Referendar aus NRW anhand des Klausurmonats erahnen konnte, ob man als S2-Klausur eine Revision oder ein Strafurteil zu schreiben hatte. Neun Mal im Jahr lief eine Revision und drei Mal ein Urteil. Dabei waren es stets dieselben Monate, in denen ein Urteil als Aufgabe gestellt wurde (nämlich März, September und November).
>
> Spätestens seit 2015 ist es mit dieser Regelmäßigkeit der Abfolge der Klausurtypen leider vorbei. Nun geht es kunterbunt durcheinander, wann als S2-Klausur eine Revision bzw. ein Strafurteil läuft. In dieser Hinsicht auf Lücke zu lernen und sich entweder nur auf eine Revision oder nur ein Strafurteil vorzubereiten, ist mehr als fahrlässig!
>
> | | 2016 | 2015 | 2014 | 2013 |
> |----------|----------|----------|----------|----------|
> | **Januar** | Revision | Revision | Revision | Revision |
> | **Februar** | Revision | Revision | Revision | Revision |
> | **März** | Revision | Urteil | Urteil | Urteil |
> | **April** | Revision | Revision | Revision | Revision |
> | **Mai** | Revision | Urteil | Revision | Revision |
> | **Juni** | Revision | Revision | Revision | Revision |
> | **Juli** | Urteil | Revision | Revision | Revision |
> | **August** | Revision | Revision | Revision | Revision |

September	Revision	Urteil	Urteil	Urteil
Oktober	Urteil	Revision	Revision	Revision
November	Urteil	Urteil	Urteil	Urteil
Dezember	Revision	Revision	Revision	Revision

» Vorauflagen der Kommentare

Wie schon in der Zivilrechtsstation werden auch in der Strafrechtsstation regelmäßig **Übungsklausuren bei Gericht** geschrieben. Hierfür benötigt man die Kommentare von Fischer zum StGB und von Meyer-Goßner/Schmitt zur StPO. Da die Übungsklausuren alte Examensklausuren sind, die bereits vor etlichen Jahren im 2. Examen liefen, braucht man als Referendar keinesfalls die aktuellen Auflagen der Kommentare, sondern es genügen die viel **günstigeren Vorauflagen**. Diese findest Du im Referendarbuchladen in der Kategorie „2. Hand" oder auch im Juristenkoffer.de – Shop.

14 Buchtipps für die Verwaltungsstation

Für die Literatur in der Verwaltungsstation muss man **deutlich weniger Geld** ausgeben als für die Bücher in der Zivilrechts- bzw. Strafrechtsstation. Und das hat gleich zwei Gründe: Zum einen hat man sich im Öffentlichen Recht bereits im Studium mit den **prozessualen Grundlagen** beschäftigt. Denn anders als in den Zivilrechts- oder Strafrechtsklausuren lautete in den öffentlich-rechtlichen Klausuren an der Universität die Fragestellung, ob die Klage bzw. der Antrag des X Aussicht auf Erfolg hat. Man musste also stets die **Zulässigkeit und Begründetheit des Rechtsbehelfs** gutachterlich prüfen. In prozessualer Hinsicht lernt man im Referendariat fast nichts Neues[*] und man kann zur Wiederholung ohne Weiteres auf die Unterlagen aus dem Studium zurückgreifen. Zum anderen fallen die Kosten für die Bücher in der Verwaltungsstation etwas geringer aus, weil die für die Klausuren benötigten **Vorauflagen der Kommentare günstiger** sind als die Zivilrechts- und Strafrechtskommentare.

» *Lehrbuch zu verwaltungsgerichtlichen und -behördlichen Entscheidungen*

Wie gerade ausgeführt, kann man grundsätzlich zur Wiederholung des Prozessrechts auf die **eigenen Unterlagen aus dem Studium** zurückgreifen. Auch im 2. Examen weist nahezu jede Klausur Probleme in der Zulässigkeit auf und gerade die Besonderheiten des einstweiligen

---

[*] Einzig die Formalia einer verwaltungsgerichtlichen Entscheidung (bzw. eines behördlichen Bescheids) muss man im Referendariat erlernen. Da aber zum Beispiel verwaltungsgerichtliche Urteile und Beschlüsse den zivilrechtlichen Entscheidungen in formaler Hinsicht sehr ähneln, ist auch dieses „Neue" sehr überschaubar.

Rechtsschutzes behalten im Examen eine **überragende Bedeutung**. Man darf sich also keine Schwächen in diesen Bereichen leisten.

Wer sich neben den Unterlagen aus der Examensvorbereitung zum 1. Examen noch ein Lehrbuch zulegen möchte, das speziell auf das Referendariat bzw. Assessorexamen zugeschnitten ist, dem sei das Buch von „**Kintz – Öffentliches Recht im Assessorexamen**" empfohlen, das man in diesem Bereich durchaus als das Standardwerk bezeichnen kann. Dieses Ausbildungsbuch erläutert einerseits Aufbau und Formalien verwaltungsgerichtlicher Entscheidungen und erörtert andererseits häufig wiederkehrende Klausurprobleme aus dem Examen anhand konkreter Beispiele und Formulierungshilfen. Alternativ können wir auch das Buch von „**Ramsauer / Lambiris / Kappet – Die Assessorprüfung im Öffentlichen Recht**" empfehlen, das vom Umfang her etwas kürzer ausfällt als das Buch von Kintz, inhaltlich aber ebenfalls alle examensrelevanten Aspekte abdeckt.

» Lehrbuch zum materiellen Verwaltungsrecht

Auch im Öffentlichen Recht ist Grundlage einer jeden guten Klausur, dass man das **materielle Recht** beherrscht. Zur Wiederholung insbesondere des Besonderen Verwaltungsrechts bietet es sich an, zunächst die Unterlagen aus dem Studium zur Hand zu nehmen. Daneben kann man zwar auch auf ein auf die Zielgruppe der Referendare zugeschnittenes Crashkurs-Skript der bekannten Repetitorien zurückgreifen. Zur Wiederholung des materiellen Rechts empfehlen möchten wir aber das – zugegebenermaßen mit gut 30 Euro nicht ganz günstige – Lehrbuch von „**Leuze-Mohr – Öffentliches Recht für Rechtsreferendare**". Frau Dr. Leuze-Mohr ist Ministerialrätin beim Innenministerium Baden-Württemberg und stellt umfassend alles für Referendare Wichtige aus den examensrelevanten Rechtsgebieten (u.a. Polizeirecht, Kommunalrecht, Baurecht, Straßenrecht) dar.

Hinweis für Bundeslandwechsler

Von Bundesland zu Bundesland gibt es Unterschiede hinsichtlich des Aufbaus der Verwaltung sowie bezüglich der konkreten Rechtsgrundlagen für das Handeln der jeweiligen Behörde. Alle Referendare, die den juristischen Vorbereitungsdienst in einem anderen Bundesland absolvieren als ihr Studium, müssen sich schnellstmöglich mit diesen abweichenden Normen des Besonderen Verwaltungsrechts und sonstigen Besonderheiten vertraut machen. Wir können nur dringend empfehlen, sich hiermit gleich zu Beginn der Verwaltungsstation zu beschäftigen! Je näher das schriftliche Examen rückt, desto größer wird der Stress. Sich erst kurz vor dem Examen mit den Unterschieden zum bislang gelernten Verwaltungsrecht auseinanderzusetzen, ist mehr als fahrlässig. Dafür ist und bleibt das materielle Verwaltungsrecht zu wichtig im Staatsexamen.

» Vorauflagen der Kommentare

Auch in der Verwaltungsstation schreibt man regelmäßig aussortierte Examensklausuren als **Übungsklausuren**. Hierfür benötigt man die Kommentare von Kopp/Schenke (VwGO) und Kopp/Ramsauer (VwVfG). Dabei genügen auch hier die viel **günstigeren Vorauflagen**. Diese findest Du im Referendarbuchladen in der Kategorie „2. Hand" oder auch im Juristenkoffer.de – Shop.

Etwas anderes gilt lediglich für die **Referendare aus Niedersachsen und Hessen**: Da in Hessen nur der VwGO-Kommentar von Kopp/Schenke (nicht aber der Kommentar von Kopp/Ramsauer) und in Niedersachsen gar keine verwaltungsrechtlichen Kommentare im 2. Examen als Hilfsmittel zugelassen sind, entfällt für Referendare insoweit auch eine Anschaffung der jeweiligen Bücher für das Referendariat. Die Übungsklausuren während des Referendariats sollten stets **unter Examensbedingungen** geschrieben werden. Es macht also keinen Sinn, für die Klausuren im Rahmen der Verwaltungsstation Kommentare zu verwenden, die man im 2. Staatsexamen eh nicht nutzen darf.

15 Bestehe auf den Studientag in der Verwaltungsstation

Die Verwaltungsstation hat (oftmals nicht zu Unrecht) den Ruf, die langweiligste Station im gesamten Referendariat zu sein. Hat man sich nicht frühzeitig um eine interessante Ausbildungsstelle bemüht, verbringt man die Monate der Station in der Regel im **Rechtsamt einer Gemeinde- oder Kreisverwaltung**.

Was die Verwaltungsstation zudem von den ersten beiden Pflichtstationen im Referendariat unterscheidet: In der Regel hat man bei der Behörde, der man als Referendar zugeteilt ist, an jedem Tag der Woche **von 9.00 Uhr bis 17.00 Uhr** zu erscheinen. Wenn man dann im Büro sitzt und den x-ten Widerspruch gegen einen Hundesteuerbescheid bearbeitet, fragt man sich schon, ob man nicht zumindest einen Teil der Zeit auch mit der Erarbeitung des **examensrelevanten Stoffs** hätte verbringen können. Hilfreich ist es da zu wissen, dass in vielen Bundesländern jedem Referendar ein Anspruch auf einen sogenannten **Studientag** zusteht.

» Rechtliche Grundlage für Referendare aus NRW

Grundlage für den Studientag ist **Ziffer 4.6** der „Verwaltungsvorschriften für die Ausbildung der Referendarinnen und Referendare in der Verwaltung" – erlassen vom Innenministerium des Landes Nordrhein-Westfalen am 13.07.1994 und bekannt gegeben im Ministerialblatt für das Land NRW 1994, S. 996 ff..

Ziffer 4.6 im Wortlaut

„In enger Abstimmung mit der Ausbilderin oder dem Ausbilder und unter strenger Beachtung der dienstlichen Gegebenheiten, insbesondere des Zeitablaufplanes der Arbeitsgemeinschaften erhält die Referendarin oder der Referendar alle zwei Wochen im Umfang von einem Arbeitstag gesondert Zeit zur Vorbereitung auf die öffentlich-rechtliche Arbeitsgemeinschaft I – Verwaltung – und zum Selbststudium."

Jeder Referendar hat nach dieser Verwaltungsvorschrift also alle zwei Wochen Anspruch auf einen Studientag, den er zum **Selbststudium** oder zur Vor- und Nachbereitung der Arbeitsgemeinschaft nutzen kann.

Nicht nur Referendare wissen oftmals nichts von dieser Regelung; auch viele Ausbildungsleiter in den Gemeinde- und Kreisverwaltungen kennen die Regelung zum Studientag nicht oder – was noch schlimmer ist und ebenfalls vorkommt – weisen die zugewiesenen Referendare trotz Kenntnis einfach nicht auf den möglichen Studientag hin. Spätestens nach Beginn der praktischen Ausbildung in der Behörde sollte man mit seinem Ausbildungsleiter in jedem Fall die **konkrete Handhabung diesbezüglich** besprechen. Nicht selten einigt man sich darauf, dass man wöchentlich einen halben Tag frei bekommt, statt alle zwei Wochen einen vollen Arbeitstag nicht zu erscheinen.

Unter Berücksichtigung des Studientags verbringt man also in der Regel **dreieinhalb Tage** zur praktischen Ausbildung in der Behörde. Ein halber Tag steht dem Selbststudium zur Verfügung und an einem Tag besucht man die verwaltungsrechtliche Arbeitsgemeinschaft.

» Regelungen in anderen Bundesländern

In **Hamburg** hat sich der Personalrat der Referendare im Jahr 2010 mit dem zuständigen Personalamt darauf verständigt, dass Referendare während der Verwaltungsstation eine wöchentliche **Anwesenheitszeit von 27,5 Stunden** haben. Dies entspricht exakt den dreieinhalb Arbeitstagen, so wie wir es oben für NRW erläutert haben. Auch Referendare aus Hamburg haben also einen Anspruch auf **einen Studientag alle zwei Wochen** (wahlweise einen Anspruch auf einen halben Studientag jede Woche). Das Personalamt selbst weist auf seiner Internetseite aber darauf hin, dass diese Regelung nur für die Stationen gelten, die **bei Hamburger Behörden** abgeleistet werden.

Sucht man sich als Referendar in Hamburg eine Verwaltungsstation außerhalb Hamburgs – was ohne Probleme möglich ist – kann man sich auf die genannte Vereinbarung zwischen Personalrat und Personalamt nicht berufen.

Auch in den **Ausbildungsplänen** für die praktische Ausbildung der Referendare **in Brandenburg** gibt es eine Regelung: „Es ist davon auszugehen, dass für die Zeit der praktischen Ausbildung nach Beendigung der Einführungsarbeitsgemeinschaft **drei Fünftel der wöchentlichen Arbeitszeit** zur Verfügung stehen; die übrige Zeit ist dem Besuch der stationsbegleitenden Arbeitsgemeinschaften, deren Vor- und Nachbereitung sowie dem Selbststudium vorbehalten." Auch in Brandenburg besteht also für Referendare ein Anspruch auf einen Studientag.

Für **alle übrigen Bundesländer** liegen uns keine Informationen zu speziellen Regelungen eines Studientags vor. Rechtzeitig vor Beginn der Verwaltungsstation solltest Du Dir ggf. Informationen bei Deinem Referendarpersonalrat oder bei der zuständigen Referendarabteilung diesbezüglich einholen.

» Studientag nur für die Verwaltungsstation

Die genannten Regelungen und rechtlichen Grundlagen beziehen sich grundsätzlich nur auf den Anspruch auf einen Studientag **in der Verwaltungsstation**. Für die Zivilrechtsstation und die Strafrechtsstation bedarf es bereits keiner entsprechenden Regelung. Denn in diesen beiden Stationen ist es eh üblich, (nur) ein- bis zweimal die Woche seinen Ausbilder aufzusuchen, bearbeitete Akten zu besprechen und an Sitzungsterminen teilzunehmen. Neben der praktischen Ausbildung hat man noch ausreichend Zeit für das Selbststudium.

Und mit dem **Ausbilder in der Anwaltsstation** sollte man vor einer verbindlichen Zuweisung durch die Stammdienststelle darüber sprechen, an wie vielen Tagen man als Referendar in der Kanzlei zu erscheinen hat. Gerade weil die Anwaltsstation regelmäßig vor den Klausuren des 2. Examen liegt, ist in diesem Zusammenhang auch ein **„Tauchen" am Ende der Station** zu erörtern.[*]

Jedenfalls empfehlen wir, sich auch für die ersten Monate der Station zumindest einen Tag in der Woche für das Selbststudium einräumen zu lassen. Denn man braucht nun mal Zeit dafür, den examensrelevanten Stoff zu erarbeiten bzw. intensiv zu wiederholen sowie regelmäßig Übungsklausuren eines kommerziellen Klausurenkurses zu schreiben. Sollte sich der Anwalt hiergegen sträuben, sollte man als Referendar einfach auf das **Juristenausbildungsgesetz** des jeweiligen Landes verweisen, in dem regelmäßig auch das Selbststudium als Teil des Referendariats vorgesehen ist.

---

[*] Zum „Tauchen" vergleiche auch unsere Ausführungen in Kapitel 9 auf Seite 57 f.

So lautet zum Beispiel § 39 Abs. 2 JAG NRW:

„Das Ausbildungsziel soll insbesondere durch Ausbildung in der Praxis, Ausbildung in der Arbeitsgemeinschaft und Selbststudium erreicht werden."

16 Beginne am Anfang der Verwaltungsstation mit dem regelmäßigen Klausuren Schreiben

In beiden juristischen Examina geht es insbesondere darum, die Klausuren erfolgreich zu schreiben. Zum einen fließt das schriftliche Examen erheblich in die Examensnote ein.

	Anzahl	Gewichtung
Baden-Württemberg	8 Klausuren	70 %
Bayern	11 Klausuren	75 %
Berlin / Brandenburg	7 Klausuren	60 %
Bremen / Hamburg / Schleswig-Holstein	8 Klausuren	70 %
Hessen	8 Klausuren	60 %
Mecklenburg-Vorpommern	8 Klausuren	70 %
Niedersachsen	8 Klausuren	60 %
NRW	8 Klausuren	60 %
Rheinland-Pfalz	8 Klausuren	70 %
Saarland	7 Klausuren	70 %

Sachsen	8 Klausuren	66,66 %
Sachsen-Anhalt	8 Klausuren	60 %
Thüringen	8 Klausuren	65 %

Zum anderen sind viele Prüfer in den mündlichen Prüfungen **vornotenorientiert**, sodass auch die Note in der Mündlichen mittelbar vom Klausurergebnis abhängt.

» Klausurenkurs ist „Pflicht"

Gerade weil das schriftliche Examen so enorm wichtig ist, muss man zwingend für die Vorbereitung auf die Klausuren den wöchentlichen Klausurenkurs bei Gericht besuchen oder – falls es einen solchen regelmäßigen Klausurenkurs bei Gericht nicht gibt – einen (zusätzlichen) **Klausurenkurs eines kommerziellen Anbieters** buchen. Zwar schreibt man auch in den Arbeitsgemeinschaften Übungsklausuren, mit denen die Leistung der Referendare überprüft werden sollen, oder sogar Klausuren in Form eines Probeexamens[*]. Diese reichen aber allein nicht aus, sich auf ein

---

[*] In Berlin findet das Probeexamen drei Monate vor Beginn des eigentlichen Examens statt. Es sind insgesamt zwölf Übungsklausuren anzufertigen, wobei jedes Rechtsgebiet vier Klausuren umfasst (je zwei aus staatlicher und zwei aus anwaltlicher Sicht). Die Arbeiten werden korrigiert und ausführlich besprochen. Die Teilnahme am Probeexamen sowie an den Besprechungsterminen ist für alle Referendare Pflicht.

Auch in Schleswig-Holstein wird für Referendare ein Probeexamen angeboten. Geschrieben werden acht Klausuren innerhalb von zwei Wochen – so wie im 2. Examen. Anders als in Berlin ist das Probeexamen in Schleswig-Holstein freiwillig.

Klausurenexamen, wie es beide juristische Staatsexamen sind, vorzubereiten.

» Zeitpunkt für den Beginn eines Klausurenkurses

Oft erhalten wir per E-Mail die Frage, wann man denn optimalerweise mit dem regelmäßigen Schreiben der Klausuren bei Gericht bzw. eines kommerziellen Anbieters beginnen sollte. Wir empfehlen den Referendaren daraufhin stets, sich **mit Beginn der Verwaltungsstation**[*] einen Anbieter zu suchen und mit Schreiben von Klausuren zu beginnen.

Mit einem (kommerziellen) Klausurenkurs schon **früher** – also in der Strafrechtsstation oder gar in der Zivilrechtsstation – zu starten, **macht keinen Sinn**. Während der ersten beiden Stationen muss man zunächst den Aufbau zivilrechtlicher Urteile und Beschlüsse bzw. strafrechtlicher Anklage und Revision erlernen, bevor es einem überhaupt erst möglich ist, Übungsklausuren im Zivil- oder Strafrecht zu schreiben.

Beginnt man dagegen den Klausurenkurs am Anfang der Verwaltungsstation hat man bereits das Rüstzeug, um die Zivilrechts- und Strafrechtsklausuren zu schreiben. Der Klausurenkurs hilft in diesem Stadium sogar dabei, das bereits erlernte Wissen aus den ersten beiden Pflichtstationen **zu wiederholen und zu vertiefen**. Zudem kann man aber auch in diesem frühen Zeitpunkt bereits die verwaltungsrechtlichen Klausuren lösen und ggf. zur Korrektur einschicken. Denn anders als beispielsweise im Zivilrecht hat man sich mit dem Aufbau von Zulässigkeit und Begründetheit einer Klage im Öffentlichen Recht bereits im Studium auseinandergesetzt. In dieser

---

[*] Dies gilt zumindest für die Länder, die die klassische Reihenfolge der Stationen vorsehen – die Verwaltungsstation also die dritte Pflichtstation ist und im 9. Monat nach Start des Vorbereitungsdienstes beginnt.

Hinsicht kommt auf die Referendare in der Verwaltungsstation also nichts Neues zu. Und der **Aufbau verwaltungsgerichtlicher Urteile** bzw. Beschlüsse ähneln dem Aufbau der entsprechenden Entscheidungen des Zivilgerichts. Auch die praktische Ausgestaltung der Klausurlösung ist einem als Referendar bereits möglich, auch wenn die Verwaltungsstation gerade erst begonnen hat.

Erst nach der Verwaltungsstation einen kommerziellen Klausurenkurs zu buchen, ist dagegen zu spät. Unserer Ansicht nach besteht ein **Zusammenhang** zwischen der Anzahl der geschriebenen Übungsklausuren und dem möglichen Ergebnis im 2. Examen: Je mehr Klausuren man im Vorfeld schreibt, desto **größer ist die Wahrscheinlichkeit**, das Assessorexamen mit größtmöglichem Erfolg zu bestehen. Fängt man aber erst in der Anwaltsstation an, regelmäßig Klausuren zu schreiben, bleibt bis zum schriftlichen Examen deutlich weniger Zeit, um möglichst viele Übungsklausuren zu schreiben.

Tipp: Lösungen der Übungsklausuren stets ausformulieren

Viele Referendare gehen aus zeitlichen Gründen bzw. aus Bequemlichkeit dazu über, zwar einen kommerziellen Klausurenkurs zu buchen, aber lediglich die Fälle stichpunktartig zu lösen, statt die Falllösungen auszuformulieren. Davon raten wir aus zwei Gründen dringend ab:

Zum einen lernt man das im Examen so wichtige Zeitmanagement nur dann, wenn man auch jeden Satz, den man in einer Klausurlösung unterbringen möchte, auch ausformuliert. Erst so zeigt sich, ob man es tatsächlich schafft, eine vollständige Klausurlösung innerhalb der vorgesehenen fünf Stunden (lesbar) aufs Papier zu bringen.

Zum anderen macht man sich nur beim vollständigen Niederschreiben der Falllösung Gedanken über die Art der Formulierung jeden einzelnen Satzes. Wie eine Klausurlösung aber sprachlich abgefasst ist, ist sehr wichtig für die spätere Bewertung der Klausur!

» Anbieter kommerzieller Klausurenkurse

Gibt es am eigenen Gericht kein Angebot eines wöchentlichen Klausurenkurses, muss man auf die Angebote der kommerziellen Repetitorien in diesem Bereich zurückgreifen. An dieser Stelle möchten wir **keine Empfehlung** für einen bestimmten kommerziellen Klausurenkurs aussprechen. Denn jeder Referendar hat seine eigene Ansicht dazu, welcher Klausurenkurs besonders gut ist, durch examensrelevante Sachverhalte besticht und/oder eine realistische Benotung wie im 2. Examen aufweist. Vielmehr beschränken wir uns darauf, Dir eine **hilfreiche Übersicht** mit allen Anbietern[*] kommerzieller Klausurenkurse (in alphabetischer Reihenfolge) an die Hand zu geben.

Alpmann Schmidt

- Fernklausurenkurs mit Erhalt der Klausuren wahlweise online oder per Postversand
- 1 Klausur wöchentlich – Zivilrecht / Strafrecht / Zivilrecht / Ö-Recht im Wechsel
- Postversand: 30 Euro pro Monat ohne Korrektur bzw. 48 Euro pro Monat mit Korrektur
- Online: 25 Euro pro Monat ohne Korrektur bzw. 40 Euro pro Monat mit Korrektur
- Optional ist eine landesrechtliche Ö-Rechts-Klausur aus dem 1. Examen für 4 Euro pro Monat zubuchbar
- https://www.alpmann-schmidt.de

---

[*] Für die Vollständigkeit der Liste der Anbieter können wir keine Gewähr übernehmen.

DeutscheAnwaltAkademie

- Online-Klausurenkurs
- 2 Klausuren monatlich – Zivilrecht / Zivilrecht / Strafrecht / Ö-Recht im Wechsel
- Komplett: 30 Euro pro Monat ohne Korrektur bzw. 39 Euro pro Monat mit Korrektur
- Nur Zivilrecht: 20 Euro pro Monat ohne Korrektur bzw. 25 Euro pro Monat mit Korrektur
- Online-Besprechung mit dem Korrektor der Klausur sowie den übrigen Teilnehmern von zu Hause aus; entweder „live" per Chat oder auch nachträglich abrufbar
- 6 x jährlich wird eine zusätzliche Online-Besprechung zu den allgemeinen Schwerpunkten der Erarbeitung einer Assessorklausur in den Prüfungsgebieten Zivilrecht, Strafrecht und Öffentliches Recht angeboten – losgelöst von konkreten Klausursachverhalten.
- http://www.assessorexamen.de

Hemmer

- Fernklausurenkurs zugeschnitten auf das gewünschte Bundesland
- 1 Klausur wöchentlich – Zivilrecht / Strafrecht / Ö-Recht im Wechsel
- Die Gebühren betragen ca. 55 Euro pro Monat mit Korrektur zzgl. Portopauschale
- Neben Korrektur und Musterlösung erhält man auch die aktuelle Zeitschrift „Life&Law"
- https://www.assessorkurs-hemmer.de

Jura Online

- Fernklausurenkurs

- 1 Klausur wöchentlich – Zivilrecht / Strafrecht / Zivilrecht / Ö-Recht im Wechsel
- Die Gebühren betragen 40 Euro pro Monat mit Korrektur
- Man kann die eigene Lösung online oder per Post einreichen
- https://jura-online.de

JurRum

- Fernklausurenkurs
- 4 Klausuren monatlich – Zivilrecht / Zwangsvollstreckungsrecht / Strafrecht / Ö-Recht im Wechsel
- Die Gebühren betragen 62 Euro pro Monat mit Korrektur zzgl. 6 Euro Versandkosten
- http://www.jurrum.de

Kaiserseminare

- Klausurenkurs in Form von „Klausurenpaketen"
- Wahl eines vorgefertigten Klausurenpakets von 5 Klausuren: 100 Euro / individuelle Auswahl an Klausuren: 20 Euro pro Klausur
- Die Klausuren erhält man direkt nach der Bestellung per E-Mail. Es gibt keine Frist zum Einreichen der eigenen Lösung. Die Korrektur erfolgt innerhalb von zwei Wochen nach Einsendung
- https://www.kaiserseminare.com

Kern Repetitorium

- Fernklausurenkurs ausschließlich für die Ö-Rechts-Klausuren in Bayern
- Die Gebühren betragen inklusive Korrektur und Musterlösung 15 Euro pro Klausur

- Die Klausuren werden vierzehntägig gestellt
- http://www.kern-repetitorium.de

Kiss-Akademie

- Fernklausurenkurs
- Online-Versand von jeweils 4 Klausuren pro Monat – Zivilrecht / Strafrecht / Ö-Recht im Wechsel
- 35 Euro pro Monat ohne Korrektur bzw. 70 Euro pro Monat mit Korrektur
- Es ist auch möglich eine einzelne Klausur für 25 Euro bzw. 10 Klausuren („10er-Karte") für 200 Euro zu buchen
- http://www.jura24.com

Für den besseren **Vergleich der Eckdaten** sämtlicher kommerzieller Klausurenkurse haben wir im Folgenden die Anbieter nochmals tabellarisch aufgeführt:

	Anzahl	Kosten (ohne Korrektur)	Kosten (mit Korrektur)
Alpmann Schmidt (Postversand)	1 Klausur wöchentlich	30 Euro	48 Euro
Alpmann Schmidt (Online)	1 Klausur wöchentlich	25 Euro	40 Euro
DeutscheAnwalt-Akademie	2 Klausuren monatlich	30 Euro	39 Euro

DeutscheAnwalt-Akademie (nur Zivilrecht)	2 Klausuren alle 2 Monate	20 Euro	25 Euro
Hemmer	1 Klausur wöchentlich	---	55 Euro zzgl. Porto
Jura Online	1 Klausur wöchentlich	---	40 Euro
JurRum	4 Klausuren monatlich	---	62 Euro zzgl. Porto
Kaiserseminare	Klausurenpaket je 5 Klausuren	---	100 Euro
Kern Repetitorium	14-tägig (nur Ö-Recht Bayern)	---	15 Euro
Kiss-Akademie	4 Klausuren monatlich	35 Euro	70 Euro

17 Suche Dir rechtzeitig den für Dich passenden Ausbilder in der Anwaltsstation

Die Anwaltsstation kann klassisch bei einem **Einzelanwalt**, in einer **mittelständischen Kanzlei** oder der **Großkanzlei** absolviert werden. In der Anwaltsstation eröffnet sich für Dich somit ein mitunter völlig unterschiedlicher Alltag – je nachdem, bei welcher Ausbildungsstelle Du diese Station absolvierst. Doch welche Kanzleistruktur ist die beste für Dich und was sind die jeweiligen **Vor- und Nachteile**?

» Kleine bis mittelständische Kanzlei

In einer kleinen oder auch mittelständischen Kanzlei ist es Dir oftmals möglich, die **internen Abläufe**, vor allem in organisatorischer Hinsicht, **intensiv(er) kennenzulernen**. Wenn Du Dich anschließend sogar als Rechtsanwalt selbständig machen möchtest, können wir Dir nur empfehlen, entsprechende praktische Erfahrungen bei einer kleinen oder mittelständischen Kanzlei zu sammeln. Hier kannst Du Dir gute Ratschläge für Deine eigene Selbständigkeit holen oder auch für Dich feststellen, was Du vielleicht anders handhaben möchtest.

Anders als bei Großkanzleien wirst Du bei kleineren Kanzleien in der Regel mit keiner zusätzlichen Vergütung rechnen können; jedoch wirst Du das **klassische Berufsbild des Anwalts** näher kennenlernen, indem Du in der Regel Mandantengesprächen beisitzen oder gar selbst führen und eigenständig Gerichtstermine wahrnehmen kannst.

» Großkanzlei

Der Arbeitsalltag in einer Großkanzlei kann **deutlich zeitintensiver** sein als in kleineren Kanzleien. Gerade im gesellschaftsrechtlichen Bereich und an den attraktiven Standorten – wie zum Beispiel Düsseldorf, Hamburg oder Frankfurt am Main – kann es mitunter vorkommen, dass Du auch mal **bis spät abends** in der Kanzlei sitzen wirst. Die tägliche Regel sollte dies aber für die Anwaltsstation im Rahmen des Referendariats nicht sein, denn immerhin sind die Kanzleien auch darauf bedacht, nach wie vor für sich zu werben und sich auch gegenüber dem Referendar als **attraktiven Arbeitgeber** zu präsentieren. Insbesondere wenn die Großkanzlei als Arbeitgeber nach dem 2. Examen bei Dir sowieso hoch im Kurs steht, solltest Du das Referendariat auch nutzen, um Einblicke in den Alltag und Ablauf einer derartigen Kanzlei zu erhalten.

Viele Großkanzleien organisieren zudem attraktive **zusätzliche Veranstaltungen**, bieten ein **internes Repetitorium** an und arbeiten mit be-kannten Repetitoren zusammen, um ihre Referendare für das Examen fit zu machen. Kanzleien wie Clifford Chance, Noerr, CMS Hasche Sigle, Latham & Watkins und Shearman & Sterlin arbeiten bereits seit Jahren mit den bekannten „Kaiserseminaren" zusammen. Linklaters und Allen & Overy kooperieren hingegen mit Jura Intensiv.

» Bewerbungsvoraussetzungen beachten

Auch wenn Du die Anwaltsstation wirklich gerne bei einer Großkanzlei absolvieren möchtest: Im Hinblick auf die **Notenanforderungen** solltest Du Dich natürlich zunächst damit befassen, ob Du von Deinen bisherigen Leistungen für eine Station bei einer Großkanzlei überhaupt als Referendar in Frage kommst. Es braucht zwar nicht das vielbeschworene Prädikat im 1. Examen, um seine Anwaltsstation bei einer Großkanzlei zu absolvieren. Dennoch solltest Du **zumindest ein solides befriedigendes Examenszeugnis** vorweisen können. Weitere Zusatzqualifikationen, wie ein LL.M. oder ein Doktortitel, sind – wie auch beim späteren Berufseinstieg – natürlich gerne gesehen, aber kein zwingendes Muss.

» Zusätzliche Vergütung

Einen Einblick in die Großkanzlei zu bekommen, kann für Dich zudem nicht nur in fachlicher, sondern auch **in wirtschaftlicher Hinsicht** attraktiv sein. In der Regel kannst Du von einer zusätzlichen Vergütung ausgehen, die Dir je nach Anwesenheitstagen und Höhe pro Wochenarbeitstag im Monat schnell **einen vierstelligen Betrag** zusätzlich zur Unterhaltsbeihilfe einbringen kann.

Die Spanne der Vergütungshöhe der Kanzleien reicht dabei laut einer Azur-Umfrage[*] von 80 bis zu 1.000 Euro pro Wochenarbeitstag.

	Monatsgehalt pro „Wochenarbeitstag“ (brutto)
Milbank Tweed Hadley & McCloy	1.000 Euro
Allen & Overy	800 Euro
Linklaters	800 Euro
Hogan Lovells	750 Euro

[*] Die ausführliche Liste findest du auf http://www.azur-online.de/geld.

Noerr	700 Euro
Osborne Clarke	600 Euro
Luther	450 Euro

Der Begriff „**Wochenarbeitstag**" ruft bei vielen Referendaren zunächst ein Fragezeichen hervor, dabei ist es gar nicht so schwierig: Ein Wochenarbeitstag bedeutet, dass Du im Monat jeweils einen Tag in der Woche in der Kanzlei verbringst, beispielsweise jeden Mittwoch. Zahlt die Kanzlei 700 Euro pro Wochenarbeitstag erhältst Du somit am Monatsende 700 Euro. Verbringst Du pro Monat zwei Tage in der Woche in der Kanzlei, dann arbeitest Du zwei Wochenarbeitstage und erhältst am Monatsende entsprechend 1.400 Euro, bei drei Wochenarbeitstagen sind es folglich 2.100 Euro. **In einzelnen Sozietäten** winken somit bei 4 Wochenarbeitstagen und einem Gehalt von 1.000 Euro pro Wochenarbeitstag bis zu 4.000 Euro im Monat.

Lass Dich jedoch nicht zu sehr von dem Geld blenden: Die Anwaltsstation ist **die letzte Station vor den Klausuren**. Oberste Priorität sollte daher sein, noch ausreichend Zeit für eine optimale Examensvorbereitung und etwas Freizeit zu haben. Zum Geld verdienen wirst Du nach dem 2. Examen noch jahrelang ausreichend Zeit haben.

» *Zuverdienstgrenze beachten*

Beachten solltest Du zudem, ob und in welcher Höhe in Deinem Bundesland die **Zuverdienstgrenze für eine zusätzliche Vergütung** besteht, denn mehrere Bundesländer schränken den Zuverdienst zumindest formal stärker ein; einige Bundesländer rechnen eine zusätzliche Vergütung ab einer bestimmten Höhe auf die Unterhaltsbeihilfe an.

Kein Zuverdienst für Referendare aus Hamburg und Hessen

Referendaren in Hamburg und Hessen ist es überhaupt nicht mehr erlaubt, eine zusätzliche Stationsvergütung anzunehmen. Die zuständigen Referendarabteilungen setzen dieses Verbot der Stationsvergütung durch, indem sie vom Referendar eine Erklärung verlangen, von der Kanzlei während der Anwaltsstation keine Vergütung zu erhalten. Fügt der Referendar eine solche Erklärung seinem Zuweisungswunsch nicht bei, unterbleibt einfach die Zuweisung durch die Referendarabteilung.

Hintergrund dieser Praxis ist eine Entscheidung des Bundessozialgerichts aus dem Jahr 2015 (Urt. v. 31.03.2015 – Az.: B 12 R 1/13 R): Das BSG hatte festgestellt, dass die Sozialversicherungsbeiträge für solche Zusatzeinkommen von der Beschäftigungsbehörde der Rechtsreferendarin/des Rechtsreferendars zu entrichten sind. Das Land müsste also mitbezahlen, wenn sich Ausbildungskanzlei und Referendar auf eine zusätzliche Vergütung während der Station einigen.

Tipp: Trotz dieses Verbots bleibt es dennoch möglich, in der Anwaltsstation zusätzlich vergütet zu werden. Voraussetzung dafür ist, dass die Kanzlei und der Referendar offiziell einen Vertrag über eine stationsbegleitende Nebentätigkeit schließen und der Referendar hierüber die Vergütung erhält.

» *Rechtsabteilung eines Unternehmens*

Auch die **Rechtsabteilung eines Unternehmens** bietet sich in vielen Bundesländern als Ausbildungsstelle für die Anwaltsstation an. Neben spannenden Einblicken in das jeweilige Unternehmen kannst Du auch hier häufig mit einer **zusätzlichen Vergütung** rechnen.

Laut Azur zahlen Unternehmen und Beratungsgesellschaften aktuell die folgenden Gehälter an ihre Referendare:

	Gehalt pro Monat (brutto)
eBay	1.500 Euro
Deutsche Bank	1.500 Euro
BMW	1.100 Euro
Siemens	1.00 Euro
Bayer	500 Euro

Wichtig zu wissen ist in diesem Zusammenhang, dass man **nicht die gesamte Anwaltsstation** bei einem Unternehmen verbringen kann. Vielmehr ist in nahezu allen Juristenausbildungsgesetzen vorgesehen, dass die Zuweisung zur Rechtsabteilung eines Unternehmens auf einen Zeitraum von **drei Monaten** beschränkt ist.

So lautet beispielsweise § 35 Abs. 4 JAG NRW:

„Die Ausbildung nach Absatz 2 Satz 1 Nr. 4 kann bis zu drei Monate bei einer Notarin oder einem Notar, einem Unternehmen, einem Verband oder bei einer sonstigen Ausbildungsstelle stattfinden, bei der eine sachgerechte rechtsberatende Ausbildung gewährleistet ist.“

18 Nutze die Möglichkeiten der Wahlstation

In jedem Bundesland schließt das Referendariat mit der Wahlstation ab. Ob bei einer Kanzlei, bei einem Unternehmen oder dem Öffentlichen Dienst, ob im Inland oder im Ausland: die Wahlstation eignet sich hervorragend, um einen **Einblick in das Berufsbild zu bekommen**, welches Dir und Deinen Interessen am meisten zusagt.

Die Dauer der Wahlstation beträgt in fast allen Bundesländern drei Monate. Lediglich in Niedersachsen ist sie auf vier Monate angelegt.

» Blick auf die spätere Berufswahl

Natürlich musst Du die Wahlstation **nicht zwingend** bereits auf Deine spätere Berufswahl ausrichten. Es kann durchaus interessant sein, Einblicke in einen Bereich zu bekommen, der Dich interessiert, von dem Du aber annimmst, dass er beruflich für Dich (aus welchen Gründen auch immer) nicht realisierbar sein wird – beispielsweise eine Station im Ausland.

Wenn Du allerdings ein konkretes Berufsfeld oder einen **bestimmten Arbeitgeber** im Auge hast und Dir bereits sicher bist, dass Du nach dem 2. Examen beispielsweise gerne in die Justiz gehen oder in einer Großkanzlei einsteigen möchtest, dann solltest Du die Wahlstation auch **auf diesen Berufswunsch ausrichten**. Andernfalls kann es Dir passieren, dass Du Dich beispielsweise im Vorstellungsgespräch bei BMW fragen lassen musst, wieso Du meinst, der richtige Bewerber für diese Stelle zu sein, wenn Du die Möglichkeit nicht genutzt hast, Dir im Rahmen der Wahlstation einen Eindruck von der Rechtsabteilung eines Unternehmens zu verschaffen.

» Achte auf mögliche Bewerbungsfristen

Bei begehrten Stationen in großen Unternehmen, Ministerien oder auch im Ausland sind mitunter Bewerbungsfristen zu beachten, sodass Du Dir **frühzeitig alle relevanten Informationen** für eine Bewerbung zusammensuchen solltest. Dies kannst Du bereits zu Beginn der ersten Station im Referendariat machen.

Neben der Wahlstation ist es in vielen Bundesländern übrigens auch möglich, die Verwaltungsstation oder einen Teil der Anwaltsstation im Ausland zu absolvieren. Bei einem geplanten **Auslandsaufenthalt** spricht jedoch **für die Wahlstation**, dass Du – neben der Möglichkeit Trennungsgeld zu beziehen – das schriftliche Examen bereits absolviert hast. Du kannst somit **deutlich entspannter** an die Station herangehen und die Zeit im Ausland mehr genießen, als wenn Du noch vor dem schriftlichen Examen stehst.

Der frühe Vogel...

Setze Dich lieber zu früh als zu spät mit der Wahlstation auseinander, damit Du nicht Gefahr läufst, dass die begehrten Stationen bereits vergeben sind oder Du Bewerbungsfristen verpasst hast.

So ist beispielsweise die Bewerbungsfrist für eine Station im Ausland über das Auswärtige Amt folgendermaßen ausgestaltet: Die Bewerbungsunterlagen sollen nicht früher als ein Jahr vor der geplanten Station, müssen jedoch spätestens sieben Monate vor Antritt der Station vorliegen. Wenn Deine Wahlstation zum 1. Juni beginnt, endet die Bewerbungsfrist für Dich somit bereits am 31. Oktober des Vorjahres.

Eine Ausbildungsstelle wirst Du natürlich immer auch bei später Suche kurz vor der Station noch finden. Es wäre allerdings mehr als ärgerlich, wenn Du die Wahlstation in einem Bereich absolvieren musst, der Dir eigentlich gar nicht so wirklich zusagt. Denn gerade diese letzte Station im

Referendariat bietet Dir einen **großen Spielraum**, den Du ausnutzen solltest.

» Weitere Beschränkungen bei der Stationssuche und Auswirkungen auf den Aktenvortrag

Klären solltest Du – insbesondere bei Stationen im Ausland – ob und welche **Vorgaben es für die Wahlstation in Deinem Bundesland** gibt. So verlangen einige Bundesländer, dass der Ausbilder beispielsweise ein Volljurist sein muss. Wenn zudem die Verwaltungsstation in Speyer[*] absolviert wurde, kann es – wie in Niedersachsen – der Fall sein, dass Du die Wahlstation **zwingend** bei einer Ausbildungsstelle im Öffentlichen Recht absolvieren musst.

Weiterhin kann das Rechtsgebiet, in dem Du Deine Wahlstation absolvierst, **an den Aktenvortrag in der mündlichen Prüfung gekoppelt** sein, wie es beispielsweise in Niedersachsen der Fall ist: Die Wahlstation bei einer zivilrechtlich ausgerichteten Kanzlei hat somit zur Folge, dass Du den Aktenvortrag in der mündlichen Prüfung auch im Zivilrecht halten musst. All dies solltest Du vorab in Erfahrung bringen und **bei Deinen Überlegungen berücksichtigen**. Eine Wahlstation bei der Europäischen Kommission wird sicherlich sehr spannend sein. Wenn dies aber der einzige Antriebsmotor ist und Dir Europarecht an sich überhaupt nicht liegt, könnte es sich als keine gute Entscheidung erweisen, wenn Du in der mündlichen

---

[*] Es ist bei Rechtsreferendaren durchaus beliebt, die Verwaltungsstation an der Deutschen Universität für Verwaltungswissenschaften in Speyer zu verbringen und dort ein verwaltungswissenschaftliches Ergänzungsstudium zu absolvieren. Dieses Ergänzungsstudium in Speyer wird gerne auch als „Speyer-Semester" bezeichnet. Ausführliche Informationen hierzu findest Du auf unserer Übersichtsseite http://www.juristenkoffer.de/rechtsreferendariat/speyer-semester/.

Prüfung einen Aktenvortrag halten musst, dem eine europarechtliche Fallgestaltung zugrunde liegt.

» *Vorbereitungszeit für die mündliche Prüfung*

Darüber hinaus solltest Du bei Deinen Überlegungen auch berücksichtigen, dass im Anschluss an die Wahlstation **die mündliche Prüfung** folgt. Sofern Du Deine Station auswärts absolvierst, wirst Du an einer angebotenen AG vor Ort nicht teilnehmen können (und auch nicht müssen). Damit entfällt aber gegebenenfalls auch das Üben von Aktenvorträgen für Dich, sodass Du Dich diesbezüglich **selbst organisieren** musst. Du solltest Dir also genau überlegen, wie und wann Du Dich ausreichend auf die mündliche Prüfung vorbereiten kannst. Viele Referendare beginnen mit dem richtigen Lernen für die mündliche Prüfung erst, wenn die Ergebnisse der Klausuren eingetroffen sind. Je nach Bundesland steht Dir dabei mehr oder weniger Zeit bis zur mündlichen Prüfung zur Verfügung.

> **Unterschiedlich lange Vorbereitungszeit je nach Bundesland**
>
> Während Referendaren in NRW nach der Wahlstation noch ein Monat zum Lernen für die mündliche Prüfung zur Verfügung steht, da die mündlichen Prüfungen im 5. Monaten nach den Klausuren stattfinden, müssen Referendare in Niedersachsen damit rechnen, direkt eine Woche nach der Wahlstation in die mündliche Prüfung zu müssen, da sich der Prüfungsmonat nahtlos an die Wahlstation anschließt.

Referendare in Niedersachsen sollten somit darüber nachdenken sich etwas **Erholungsurlaub aufzusparen** und diesen gegebenenfalls am Ende der Wahlstation zu nehmen, um bei einem Auslandsaufenthalt etwas früher als erst mit Stationsende in die Heimat zurückzukehren. Bei entsprechender Mitteilung versucht das Prüfungsamt allerdings auch, Referendare mit Auslandsaufenthalt für eine spätere mündliche Prüfung gegen

Monatsende zu berücksichtigen, anstatt ihnen direkt eine der ersten Prüfungen zuzuweisen.

> **Tipp: Antrag auf einen „späten" Prüfungstermin stellen**
>
> Sollte auch in Deinem Bundesland der Übergang von der Wahlstation zum Prüfungsmonat nahtlos erfolgen, dann informiere Dich frühzeitig bei Deinem Prüfungsamt, ob bei Auslandsstationen die Möglichkeit besteht, für eine spätere mündliche Prüfung im Durchgang berücksichtigt zu werden.

Es ist somit äußerst wichtig, dass Du Dir über eine Vielzahl von Aspekten Gedanken machst und Dich entsprechend organisierst, um am Ende guten Gewissens sagen zu können, dass Deine Wahlstation am Ende auch **die richtige Wahl für Dich** war.

Abschnitt 3

» Tipps & Hinweise zur Examensvorbereitung,

das schriftliche Examen und die mündliche Prüfung

19   Tipps für die Wahl eines Repetitoriums für die Vorbereitung auf das 2. Examen

Wir bekommen oft Anfragen, ob es empfehlenswert ist, **für die Vorbereitung auf das 2. Examen** ein Repetitorium zu besuchen. Ist es für das 1. Examen überwiegend der Regelfall, ein kommerzielles oder universitäres Repetitorium zu besuchen, so scheiden sich für das 2. Examen in dieser Hinsicht die Geister. Statistisch betrachtet besuchen **weitaus weniger Referendare** zur Vorbereitung auf das 2. Examen ein wöchentliches Repetitorium als es noch für das 1. Examen bei dem Großteil aller Studenten der Fall ist.

» Kürzere Vorbereitungszeit bis zu den Klausuren

Dass ein Repetitorium für viele Studenten bei der Vorbereitung auf das 1. Examen auf jeden Fall dazugehört, sie es sich für das 2. Examen aber eher zweimal überlegen, mag insbesondere daran liegen, dass die Zeit im Referendariat schon für sich **sehr knapp bemessen** ist und **schnell vergeht**. Die Stationen wechseln häufig und man ist bereits durch das Referendariat mit der Arbeitsgemeinschaft und der Ausbildung in der Station ausgelasteter als vor dem 1. Examen, wo man sich noch voll und ganz der Examensvorbereitung widmen konnte.

» Unterschiedliche Lerntypen

Bei allen kommerziellen Anbietern gilt, dass jeder Referendar sich **nicht dem Gruppenzwang** hingeben sollte, sondern – insbesondere aufgrund der sowieso knapp bemessenen Zeit – selbst einschätzen muss, was ihm den effektivsten Nutzen bringt. Wie bereits für das 1. Examen geben die

Dozenten keine Geheimnisse bekannt, an die man andernfalls nicht gelangen würde. Während es für die meisten Studenten zur Vorbereitung auf das 1. Examen noch sinnvoll ist, an die Hand genommen zu werden, um richtige Schwerpunkte zu setzen, weiß man **durch die Arbeitsgemeinschaften** und den gesamten Ablauf im Referendariat recht genau, was für das 2. Examen von einem erwartet wird.

> **Der Besuch eines Repetitoriums muss sinnvoll sein**
>
> Wir raten dringend davon ab, an einem Repetitorium lediglich „zur Gewissensberuhigung" teilzunehmen. Dafür ist der zeitliche und finanzielle Aufwand – gerade bei einem Präsenz-Repetitorium – viel zu hoch.

Entscheidend ist somit, was für ein Lerntyp Du bist. Wenn Du ein **auditiver Lerntyp** bist, also Dir Zuhören am besten hilft, um den Stoff zu verstehen, dann ist ein Repetitorium für Dich wahrscheinlich eine sinnvolle Investition. Bist Du hingegen eher der **visuelle Lerntyp**, bei dem Dich das Selbststudium von Büchern und Skripten schneller zum Erfolg bringt, dann kann es sein, dass Du außer dem oben angesprochenen guten Gewissen („man war immerhin bei einem Repetitorium") keinen weiteren Nutzen aus einem Repetitorium ziehst. Für **kommunikative Lerntypen** bietet sich vor allem an, mit anderen Referendaren eine Lerngruppe zu gründen, in der sich regelmäßig mit dem aktuellen Stoff aus der AG befasst wird und ein gegenseitiges Abfragen sowie das Lösen von Klausuren stattfindet.

» Unterschiedliche Kursprogramme

Wenn Du Dich für ein kommerzielles Repetitorium interessierst, hast Du die Qual der Wahl, denn es gibt **verschiedene Möglichkeiten**, den Examensstoff vermittelt zu bekommen: in wöchentlichen Kursen, in Wochenendseminaren bzw. Crashkursen oder auch durch ein reines Online-Repetitorium.

(1) Wöchentliche Kurse

Zur Vorbereitung auf das 2. Examen findet das Repetitorium vieler kommerzieller Anbieter **wöchentlich abends** statt. Der Stundenumfang ist dabei deutlich geringer als bei den Kursen für das 1. Examen. Anbieter wöchentlicher Präsenzkurse für das 2. Examen sind unter anderem Alpmann Schmidt, Hemmer, Kern Repetitorium und die KissAkademie.

Bei wöchentlichen Kursen musst Du für Dich entscheiden, ob und wie aufnahmefähig Du nach einem AG-Tag oder einem Tag bei Deinem Ausbilder noch bist und ob Du somit wirklich **einen Nutzen aus dem Repetitorium** ziehen kannst. Entscheidend kann auch sein, wie zufrieden Du mit Deiner AG bist. Wenn Du das Gefühl hast, dort gut mitzukommen und die Wissensvermittlung zusammen mit der eigenen Vor- und Nachbearbeitung ausreicht, dann wird Dir ein Repetitorium unter der Woche keinen großartigen Gewinn mehr bringen.

Solltest Du Interesse an einem Repetitorium haben, solltest Du bei dem Anbieter Deiner Wahl den Kurs auf jeden Fall vorab einmal **zur Probe hören** und dann für Dich entscheiden, wie effektiv und gewinnbringend ein wöchentliches Repetitorium neben der Belastung im Referendariat für Dich ist.

(2) Wochenendseminare bzw. Crashkurse

Eine Alternative zu wöchentlichen Kursen stellen **Wochenendseminare** dar. Solltest Du Schwächen in einem bestimmten Themengebiet, beispielsweise im Zwangsvollstreckungsrecht haben, kann es sinnvoll sein, hierfür ein Wochenende aufzubringen und ein Seminar zu diesem Thema zu belegen. Neben den bereits genannten Anbietern für wöchentliche Kurse, die fast allesamt neben ihren Wochenkursen auch Crashkurse anbieten, sind insbesondere die **Kaiserseminare** bei Referendaren sehr beliebt. In regelmäßigen Abständen und flächendeckend in Deutschland verteilt, findet sicherlich ein Seminar auch in Deiner Nähe statt.

(3) Online-Repetitorium

Eine Alternative zum klassischen Präsenzunterricht in einem Kursraum stellt das Online-Repetitorium dar. Ein Online-Repetitorium ermöglicht Dir, Dich **zeitlich flexibel** und **strukturiert** auf das Examen vorzubereiten. Ein Einstieg ist zeitlich jederzeit möglich. Anbieter auf diesem Markt sind Lecturio, Jura Online und JurAcademy.

» Den Grundstein für ein erfolgreiches Examen legst Du selbst

Für das 2. Examen ist es immens wichtig, dass Du die unterschiedlichen Klausuranforderungen beherrscht. Wir empfehlen Dir hierfür, **so viele Übungsklausuren wie nur möglich** zu schreiben. So hilfreich und unterstützend ein Repetitorium zur Erfassung der Materie auch sein kann, wird es Dir diese Aufgabe jedoch nicht abnehmen können.

Es liegt somit immer noch an Dir, den inneren Schweinehund zu besiegen und vor allem das Klausuren schreiben zu trainieren.

20 Das schriftliche Examen ist keine Glücks-sache

Eine Sache ist uns wichtig klarzustellen: Das schriftliche Examen ist – anders als von vielen Referendaren behauptet – keine Glückssache!

Hierzu muss man sich nur mal verdeutlichen, **wie viele Stunden** man mit dem Schreiben der Klausuren im 2. Examen verbringt. In NRW schreibt man beispielsweise acht Klausuren innerhalb von je fünf Stunden. Insgesamt schreibt man also 40 Stunden lang Klausuren. Wer möchte ernsthaft behaupten, dass das Gesamtergebnis der Klausuren, das sich nach dieser langen Zeit ergibt, etwas mit Glück oder Pech zu tun hat? Dass man mal bei einer oder zwei Klausuren **einen schlechten Tag** erwischen kann oder dem Referendar bei einer oder zwei Klausuren **das rechtliche Thema nicht liegt**, kann immer vorkommen. Aber selbst wenn das der Fall ist, werden diese zwei Klausuren von sechs weiteren Klausurnoten ausgeglichen. Der Klausurschnitt aus allen acht Klausuren wird also durch zwei schlechte Klausuren nicht dermaßen beeinträchtigt, dass man zu dem Ergebnis gelangen könnte, das schriftliche Examen sei reine Glückssache.

	Anzahl und Art der Klausuren	Schreib-zeit
Baden-Württemberg	4 x Zivilrecht / 2 x Strafrecht / 2 x Ö-Recht	40 Std.
Bayern	5 x Zivilrecht / 2 x Strafrecht / 4 x Ö-Recht	55 Std.

Berlin/Brandenburg	2 x Zivilrecht / 2 x Strafrecht / 2 x Ö-Recht / 1 x Wahl	35 Std.
Bremen/Hamburg/ Schleswig-Holstein	4 x Zivilrecht / 2 x Strafrecht / 2 x Ö-Recht	40 Std.
Hessen	4 x Zivilrecht / 2 x Strafrecht / 2 x Ö-Recht	40 Std.
Mecklenburg-Vor-pommern	4 x Zivilrecht / 2 x Strafrecht / 2 x Ö-Recht	40 Std.
Niedersachsen	4 x Zivilrecht / 1 x Strafrecht / 2 x Ö-Recht / 1 x Wahl	40 Std.
NRW	4 x Zivilrecht / 2 x Strafrecht / 2 x Ö-Recht	40 Std.
Rheinland-Pfalz	4 x Zivilrecht / 2 x Strafrecht / 2 x Ö-Recht	40 Std.
Saarland	3 x Zivilrecht / 1 x Strafrecht / 2 x Ö-Recht / 1 x Wahl	35 Std.
Sachsen	4 x Zivilrecht / 2 x Strafrecht / 2 x Ö-Recht	40 Std.
Sachsen-Anhalt	2 x Zivilrecht / 2 x Strafrecht / 2 x Ö-Recht / 2 x Wahl	40 Std.
Thüringen	3 x Zivilrecht / 2 x Strafrecht / 2 x Ö-Recht / 1 x Wahl	40 Std.

Im Übrigen wird die These, das Ergebnis der Klausuren im 2. Examen sei reine Glückssache, regelmäßig von den Referendaren aufgestellt, die in den Klausuren **eher unterdurchschnittlich** abgeschnitten haben.

» *Laune des Korrektors hat keinen Einfluss*

Auch die angebliche „**Tagesform" eines Korrektors** fällt bei acht zu schreibenden und zu bewertenden Klausuren nicht ins Gewicht. Wenn es denn überhaupt so etwas wie eine Laune des Korrektors gibt, die das Ergebnis der zu korrigierenden Klausur beeinflusst, ist es doch überaus unwahrscheinlich, dass sämtliche Klausuren eines Referendars nur von Korrektoren mit schlechter Laune bewertet wurden.

Die These, das Examen sei eh Glückssache – was zugleich suggeriert, man habe es gar nicht selbst in der Hand, wie man letztlich abschneidet –, sollte man einfach **ignorieren** und für sich selbst **nicht übernehmen**. Denn das Gegenteil ist der Fall: Man selbst hat es in der Hand, durch zielgerichtetes und intensives Lernen zu einem guten Ergebnis im 2. Examen zu kommen.

» *Das schriftliche Examen ermittelt nicht den besten Juristen*

Richtig ist allerdings, dass das Ergebnis der Klausuren im 2. Examen nicht zwingend darüber etwas aussagt, ob jemand ein guter Jurist ist. Vielmehr wird durch das schriftliche Examen lediglich geprüft, ob man **unter enormen Zeitdruck** in der Lage ist, einen Sachverhalt juristisch zu bewerten sowie eine praktische Ausfertigung der juristischen Prüfung des Sachverhalts zu formulieren und zu Papier zu bringen. Das 2. Examen ermittelt also lediglich die Juristen, die **in kürzester Zeit eine gute juristische Klausur** schreiben können.

» Wichtige Schlussfolgerungen

Aus dem zuvor Gesagten muss man zwei Schlussfolgerungen ziehen: Erstens hat man es **selbst in der Hand**, durch zielgerichtetes und intensives Lernen zu einem guten Ergebnis im 2. Examen zu kommen. Und zweitens muss man sein gesamtes Referendariat darauf ausrichten, **das Schreiben von Klausuren** innerhalb eines engen Zeitrahmens zu erlernen. Konkret bedeutet dies:

- Hauptaugenmerk ist auf das Schreiben möglichst vieler Übungsklausuren bei Gericht oder ggf. im Rahmen eines kommerziellen Klausurenkurses zu legen.
- Dabei empfiehlt es sich, den im Examen aufkommenden Zeitdruck auch bei den Übungsklausuren zu simulieren.
- Es ist die Aufgabe des Referendars, den Aufbau, den Inhalt sowie die Sprache praktischer Entwürfe (wie Urteil oder Anklage) zu erlernen.
- Schließlich muss man sich als Referendar die juristischen Grundlagen für das Begutachten von Sachverhalten (also das materielle Recht sowie das Prozessrecht) aneignen und wiederholen.

» Tagesform allenfalls bei mündlicher Prüfung relevant

Wenn man schon im Zusammenhang mit Prüfungsleistungen im 2. Examen die Begriffe „Glück" bzw. „Pech" verwenden möchte, dann ist es sinnvoll, dies bei der **mündlichen Prüfung** zu machen. Denn die Note der mündlichen Prüfung setzt sich – anders als im schriftlichen Examen – nur aus den Leistungen des Referendars an einem einzigen Tag zusammen. Der Begriff „Tagesform" hat also im Rahmen der mündlichen Prüfung mit Sicherheit seine Berechtigung.

Zudem entscheidet die **Zusammensetzung der Prüfungskommission** maßgeblich darüber, wie man in der Prüfung selbst und somit im gesamten 2. Examen abschneidet. Denn bekanntermaßen ist der Wille der Prüfer, viele Punkte in der mündlichen Prüfung zu vergeben, unterschiedlich ausgeprägt. Auch spielt die „**Vornotenorientiertheit**" und ggf. „**Protokollfestigkeit**" der Prüfer eine sehr wichtige Rolle. Es lässt sich sicherlich festhalten, dass ein und dieselbe Leistung des Prüflings bei verschiedenen Prüfern zu teils erheblich unterschiedlichen Bewertungen führen wird, auch wenn dies eigentlich so nicht sein dürfte.

21 Treffe die Entscheidung zu einer Wahlklausur im 2. Examen mit Bedacht

In **vier von 16 Bundesländern** wird im 2. Examen eine sogenannte Wahlklausur gestellt. Bei dieser Klausur musst Du Dich vorab festlegen, aus welchem Bereich Du eine Aufgabenstellung erhalten möchtest. Die Wahlklausur gibt Dir somit die Möglichkeit, einen gewissen **Einfluss auf eine Klausur im 2. Examen** zu nehmen. Die Vorgaben dazu gibt das jeweilige Prüfungsamt.

Bundesländer, in denen Wahlklausuren gestellt werden, sind Berlin, Brandenburg, Niedersachsen und das Saarland. In **Berlin und Brandenburg** erhalten Referendare die Wahlklausur aus dem von ihnen bevorzugten Rechtsgebiet (Zivilrecht, Strafrecht, Öffentliches Recht). In **Niedersachsen** können Referendare zwischen dem Öffentlichen Recht (verwaltungsfachliche Klausur) und dem Strafrecht (staatsanwaltschaftliche Klausur) wählen. Im **Saarland** haben Referendare bei einer Klausur die Wahl zwischen einer zivilrechtlichen oder einer öffentlich-rechtlichen Fallgestaltung.

Keine „echte" Wahlklausur in Thüringen und Sachsen-Anhalt

Auch in Thüringen und Sachsen-Anhalt erhalten Referendare zwar eine bzw. zwei Klausuren wechselnden Klausurtyps in jedem Examensdurchgang: In Thüringen liegt gemäß § 47 Abs. 2 Nr. 4 ThürJAPO eine Klausur einem der drei Rechtsgebiete (Zivilrecht, Strafrecht, Öffentliches Recht) zugrunde. Und in Sachsen-Anhalt werden gemäß § 47 Abs. 3 Nr. 4 JAPrVO zwei Klausuren mit anwaltlicher Aufgabenstellung aus einem der drei Rechtsgebiete gestellt.

> Es handelt sich in Thüringen und Sachsen-Anhalt aber nicht um „echte" Wahlklausuren, da die Entscheidung, aus welchem Rechtsgebiet letztlich die genannten Klausuren stammen, allein dem Justizprüfungsamt des Landes obliegt. Der Referendar selbst hat keinen Einfluss auf das Rechtsgebiet dieser „Wahlklausuren".

» *Das Rechtsgebiet der Wahlklausur*

Solltest Du Dein Referendariat **in einem Bundesland mit Wahlklausur** absolvieren, stellt sich die Frage, aus welchem Rechtsgebiet Du diese anfertigen willst. Der Zeitpunkt, zu dem man sich für das Rechtsgebiet der Wahlklausur festlegen muss, ist dabei manchmal schon sehr früh gelegt. In Niedersachsen sollen Referendare beispielsweise schon vor Beginn der Verwaltungsstation entscheiden, ob sie die Wahlklausur im Strafrecht oder im Öffentlichen Recht anfertigen wollen. Die Entscheidung für oder gegen ein Rechtsgebiet kann somit einiges Kopfzerbrechen bereiten.

» *Der Blick auf die Statistik*

Bei der Entscheidungsfindung kann man natürlich zunächst einen Blick auf die **Jahresberichte der Justizprüfungsämter** werfen.[*] Allerdings sollte dem nicht allzu große Bedeutung beigemessen werden, denn die Unterschiede sind gering, wie sich am Beispiel von Niedersachsen zeigt. Zwar wählen **deutlich mehr Referendare die öffentlich-rechtliche** statt der strafrechtlichen Wahlklausur. Die durchschnittliche Bewertung

---

[*] Nahezu jedes Bundesland veröffentlich online Jahresberichte zu den Ergebnissen der juristischen Staatsprüfungen. Links zu den Jahresberichten finden sich regelmäßig auf den Seiten der Justizprüfungsämter.

der Wahlklausuren rechtfertigt es aber nicht, sich allein deshalb für das eine oder andere Rechtsgebiet zu entscheiden:

	Wahlklausur Strafrecht	Wahlklausur Öffentliches Recht
2016	231 Referendare Durchschnitt: 5,38 Punkte	382 Referendare Durchschnitt: 5,53 Punkte
2015	251 Referendare Durchschnitt: 4,86 Punkte	349 Referendare Durchschnitt: 5,69 Punkte
2014	238 Referendare Durchschnitt: 4,93 Punkte	377 Referendare Durchschnitt: 5,50 Punkte

So haben sich beispielsweise im Jahr 2016 hinsichtlich der Wahlklausur 382 Referendare für das Anfertigen einer Klausur aus dem Öffentlichen Recht entschieden. Nur 231 Referendare haben der staatsanwaltschaftlichen Aufgabenstellung den Vorzug zu geben. Es zeigt sich jedoch, dass die **durchschnittliche Punktzahl aus den Wahlklausuren nahezu identisch** ausfiel; man kann also aus den Statistiken keine Erkenntnisse ziehen, dass die Wahlklausur in dem einen Rechtsgebiet deutlich besser ausfällt als in dem anderen Rechtsgebiet. In beiden Wahlklausuren reichte im Übrigen die konkrete Punktspanne gleichermaßen von „ungenügend" bis „gut".

» Höre auf Dein Bauchgefühl

Du solltest Dich daher vielmehr **auf Dein Bauchgefühl verlassen** und das Rechtsgebiet wählen, in welchem Du Dir am ehesten eine weitere Klausur zutraust. Ob Dir dann die konkrete Wahlklausur in Deinem

Durchgang liegen wird oder Du Dich im Nachhinein ärgerst, weil „die andere Wahlklausur ja viel einfacher gewesen wäre", wirst Du vorab sowieso nicht beeinflussen können. Die Freude oder Enttäuschung folgt also zwangsläufig hinterher. Selbst wenn sich die Wahlklausur am Ende für Dich als die falsche Wahl herausstellen sollte – wobei Du natürlich nur wilde Vermutungen darüber anstellen kannst, wie Du in der anderen Klausur abgeschnitten hättest –, so hängt allein davon nicht Dein Examen ab. Das schriftliche Examen besteht aus **einer Vielzahl an Klausuren**, sodass eine einzelne (eventuell falsch gewählte) Wahlklausur Deine Gesamtleistung nicht derart stark negativ beeinflussen kann.

22 Das Abgeben einer fertigen Klausur ist Bestandteil der Prüfungsleistung

Es mag so einfach klingen, aber man kann es nicht oft genug wiederholen: Wichtiger Bestandteil – wenn nicht sogar der wichtigste Bestandteil einer Klausur im zweiten Examen – ist es, eine **brauchbare Leistung abzugeben**. Wann ist eine Leistung brauchbar? Wenn sie praxistauglich ist. Hierfür ist erforderlich, dass die Klausur vor allem zunächst vom äußeren Erscheinungsbild einen vollständigen Eindruck hinterlässt, d.h. einen Anfang und ein Ende hat.

Es versteht sich von selbst, dass der Inhalt natürlich auch überzeugen muss. Allerdings scheitern nicht wenige Referendare im 2. Examen daran, dass sie die Bearbeitung **aus Zeitgründen** abbrechen müssen und schon **keine fertige Klausur** abgeben – die Klausur ist damit schon nicht „rund" und auch nicht praxistauglich. Dies kostet wertvolle Punkte.

» Nutze die Übungsklausuren zum Trainieren Deines Zeitmanagements

Viele Referendare machen die Erfahrung, dass sie die **Übungsklausuren ohne Zeitprobleme** lösen, in den **Examensklausuren** jedoch plötzlich in ungeahnt **große Zeitnot** geraten. Dies mag zum einen mit einer stärkeren Anspannung aufgrund der Examenssituation zusammenhängen. Zum anderen weisen viele Examensklausuren einen **größeren Seitenumfang** auf als ältere Übungsklausuren, sodass deutlich mehr Zeit benötigt wird, bis der Sachverhalt überhaupt erfasst ist und mit der Reinschrift begonnen werden kann.

Für Übungsklausuren empfiehlt es sich daher, diese **regelmäßig** in weniger als den zur Verfügung stehenden fünf Zeitstunden zu lösen. Wer ein intensives Klausurentraining betreibt und die Übungsklausuren etwa 30 Minuten vor der eigentlichen Abgabezeit fertigstellt, wird auch für umfangreichere Klausuren im 2. Examen gewappnet sein.

» Die optimale Herangehensweise an die Klausurbearbeitung

Welche **Herangehensweise an eine Klausur** für Dich die effektivste ist, musst Du letztlich durch Übung selbst herausfinden. Es bringt nichts, sich daran zu orientieren, dass der Nachbar in der Zivilgerichtsklausur zunächst den Tatbestand nur grob auf einem Schmierpapier skizziert und direkt mit der Reinschrift der Entscheidungsgründe anfängt, wenn Du mit dieser Vorgehensweise nicht klarkommst. Wir empfehlen Dir jedoch für die **zivilrechtliche Urteilsklausur** sowie für Klausuren, die das **Abfassen verwaltungsgerichtlicher Entscheidungen** zur Aufgabe haben, aus gutem Grund die folgende Vorgehensweise:

1. Tatbestand
2. Lösungsskizze
3. Entscheidungsgründe

Der **Vorteil an dieser Reihenfolge** ist, dass Du zum einen nicht Gefahr  läufst, am Ende keine Zeit mehr für den Tatbestand übrig zu haben. Zum anderen **beruhigt es ungemein**, den Tatbestand schon zu Papier und somit einen Teil der Klausur bereits fertig bearbeitet zu haben. Auch der Korrektor wird nach dem Blick auf den Tenor zunächst Deinen Tatbestand lesen – hier kannst Du bereits einen **ersten guten Eindruck** hinterlassen, wenn Du den Tatbestand sauber zu Papier gebracht hast. Mit der Zeit und nach einigen Übungsklausuren wirst Du merken, dass sich der Tatbestand immer schnell(er) verfassen lässt und Dir mehr Zeit für die Lösungsskizze und das Formulieren der wichtigen Entscheidungsgründe bleibt.

Bei der Klausurbearbeitung solltest Du zudem stets die Uhr im Blick behalten und Dich nach einer gewissen Zeit **notfalls zwingen** mit der Reinschrift anzufangen – selbst wenn Du immer noch nicht sicher bist, wie Du die Klausur genau lösen willst und an sich noch mehr Zeit zum Überlegen gebrauchen könntest. Diese Zeit hast Du nun einmal nicht unbegrenzt. Es gilt: Übung macht den Meister und auch Dein Zeitmanagement wird sich mit mehr Klausurerfahrung deutlich verbessern.

» Fertige Klausur = Bestanden?

Du wirst schnell merken, dass sich allein die Tatsache, eine fertige Klausur abzugeben, **deutlich positiver auf Deine Note auswirkt,** als einige Teile der Klausur zwar sehr detailliert zu bearbeiten, aber dann aus Zeitmangel abbrechen zu müssen und damit keine vollständige Gesamtleistung zu erbringen. Natürlich muss eine vernünftige Klausur den Korrektor insgesamt und somit zwingend auch vom geschriebenen Inhalt und Deiner rechtlichen Wertung überzeugen. Nur weil eine Klausur einen Anfang und ein Ende hat ist die Klausur daher nicht zwangsläufig auch bestanden.

Aber – und das unterschätzen viele Referendare – eine fertige Klausur stellt zunächst einmal eine **praxistaugliche und damit verwertbare Leistung** dar und kann somit allein aus diesem Grund schon einmal positiv punkten. Darüber hinaus muss Dir bewusst sein, dass es den meisten anderen Referendaren neben Dir ähnlich gehen wird. Nur sehr wenige Referendare kämpfen im Examen mit überhaupt keinen Zeitproblemen und werden deutlich früher mit ihrer Klausurbearbeitung fertig. Es geht nicht darum, die „perfekte" Klausur, sondern vielmehr eine fertige und überzeugende Klausur **im Vergleich zu denen Deiner Mitschreiber** abzugeben.

> **„Relativität" ist entscheidend**
>
> Du musst Dir also bewusst machen, dass man „nur" relativ gut sein musst im Vergleich zu seinen Mitschreibern im selben Klausurpool.

Dementsprechend braucht bei Dir auch keine Panik aufzukommen, wenn Du im Examen eine Klausur aufschlägst, mit der Du auf den ersten Blick so gar nichts anfangen kannst. Denn auch dies wird nahezu jedem anderen Referendar ebenfalls so ergehen, der diese Klausur mit Dir schreibt. Dann heißt es Ruhe zu bewahren, eine möglichst gute Lösung zu erarbeiten und schließlich auf Papier zu bringen. Wichtig ist es gerade bei solchen Klausuren, letztlich eine „fertige" Klausur abzugeben, um sich allein dadurch bereits von vielen anderen Referendaren, die dieses Zeitmanagement nicht beherrschen, abzugrenzen. Da es bei der Bewertung einer jeden Examensklausur auf die „relative" Leistung des Kandidaten im Vergleich zu allen ankommt, ist es auch bei einer vermeintlich schwierigen Klausur gut schaffbar, viele Punkte zu erhalten!

Natürlich kannst Du die Leistungen Deiner Mitschreiber – vor allem in der konkreten Klausur – **nicht einschätzen und bewerten**. Aber es beruhigt vielleicht zu wissen, dass die Korrektoren darauf achten, wie gut die inhaltliche Bearbeitung der Klausuren erfolgte: Wenn fast alle Referendare einen Punkt übersehen haben, der in der Lösungsskizze auftaucht, ist der Korrektor eher geneigt dies milder zu bewerten, als wenn es sich um ein absolutes Standardproblem handelt, das man selbst fast als einziger nicht erkannt hat. Genauso verhält es sich mit der Klausur als Ganzes: da nicht wenige Referendare **Probleme damit haben, eine fertige Klausur abzugeben** und beispielsweise nicht selten in der staatsanwaltschaftlichen Klausur die Anklage nur noch knapp und lückenhaft angerissen wird, hebst Du Dich bereits durch das Abgeben einer fertigen Klausur von Deinen Mitschreibern ab.

Insofern raten wir Dir auch dringend, bei extremer Zeitnot in einer **staatsanwaltschaftlichen Klausur** ab einem bestimmten Zeitpunkt bei der materiellen Gutachtenprüfung extrem zu kürzen und Dich kurz zu fassen, um anschließend noch eine fertige Anklageschrift verfassen zu können. Abstriche im materiellrechtlichen Gutachten bei einer insgesamt jedoch vollständigen Anklageschrift werden Dir im Ergebnis punktemäßig **deutlich spürbarer zu Gute kommen**, als ein perfekt erstelltes materiell-rechtliches Gutachten, nach dem jedoch aus Zeitnot (fast) keine Anklagschrift mehr verfasst wurde.

23 Lese den Bearbeitervermerk

Dieser Tipp sollte nun wahrlich nichts Neues für Referendare sein, die bereits das Studium und das erste Staatsexamen hinter sich gebracht haben. Denn bereits als Jurastudent wird man von allen Professoren und in jedem Repetitorium regelmäßig und mit Nachdruck darauf hingewiesen, vor Beginn der Begutachtung eines Sachverhalts **den Bearbeitervermerk genauestens zu lesen**. Dass wir diesen Hinweis dennoch in dieses Buch mit aufnehmen müssen, ist eigentlich traurig.

» Diskussionen im Forum „Zur letzten Instanz"

Vor ein paar Jahren haben wir das **Forum „Zur letzten Instanz"** gestartet, das – anders als die anderen etablierten Foren wie Jurawelt.com oder Juraexamen.com – ausschließlich für Referendare gedacht und thematisch nur auf den juristischen Vorbereitungsdienst ausgerichtet ist. Jeden Monat diskutieren hier Referendare ausführlich über die Sachverhalte (und Lösungen) der Klausuren im 2. Staatsexamen.

Es ist unvorstellbar, wie häufig dabei darüber diskutiert wird, wie **der Bearbeitervermerk einer Klausur** formuliert war! Dabei ist es doch mehr als ärgerlich, wenn man sich mit der Rechtmäßigkeit der Rechtsmittelbelehrung beschäftigt, obwohl der Bearbeitervermerk deren Rechtmäßigkeit bereits feststellt; wenn man Straftatbestände – sowohl im Gutachten als auch in der Anklageschrift – abhandelt, die der Bearbeitervermerk von der Prüfung ausgenommen hat; oder wenn man die fristgemäße Zustellung eines Schreibens problematisiert, obwohl der Bearbeitervermerk klarstellt, dass von einer fristgerechten Zustellung sämtlicher Erklärungen auszugehen ist.

Richtig schlimm ist es, wenn man sich beispielsweise mit einer ggf. sehr **komplizierten Kostenentscheidung** beschäftigt (Stichwort: Baumbach'sche Kostenformel), deren Niederschrift aber laut Bearbeitervermerk ausgeschlossen und nicht verlangt ist. So verliert man im schriftlichen Examen wertvolle Zeit; und dies führt im Zweifel dazu, dass man es nicht schafft, eine fertige Klausur abzuliefern.[*]

» Vergleichbare Erfahrungen bei unseren E-Mails

Eigentlich sollte es nicht so schwer sein, zunächst die wichtigen Informationen im Sachverhalt inklusive Bearbeitervermerk zu lesen und erst dann mit der Bearbeitung der Klausur zu beginnen. Ein **vergleichbares Verhalten der Referendare**, gerade dies leider nicht zu tun, erleben wir tagtäglich bei den E-Mails, mit denen wir Referendare über bestimmte Dinge informieren. So lautet beispielsweise der erste Satz der E-Mail, mit der Referendare nach Bestellung ihrer Protokolle auf unserer Plattform protokolle-assessorexamen.de automatisiert ihre **Zugangsdaten** für den Login erhalten:

„Hallo xxx,

bitte lies Dir die folgenden wichtigen Hinweise zunächst vollständig durch, da hier die Antworten auf die uns am meisten gestellten Fragen gegeben werden. [...]"

---

[*] Das Abgeben einer „fertigen" Klausur ist aber ein besonders wichtiger Bestandteil der Prüfungsleistung, wie wir Dir im vergangenen Kapitel aufgezeigt haben.

Würden alle Referendare diesen Hinweis beherzigen, wüsste jeder Referendar, dass er **im Falle eines Prüferwechsels** diesen Wechsel im Login-Bereich selbst vornehmen und in das System eintragen kann. Keine zwei Minuten später hätte der Referendar bereits die Protokolle des neuen Prüfers vorliegen.

Stattdessen lesen **ca. 15 % aller Referendare** unsere E-Mail nicht oder nicht richtig und teilen uns ihren Prüferwechsel per E-Mail mit – verbunden mit der Frage, ob wir auch die Protokolle des neuen Prüfers zur Verfügung stellen können. Auch wenn wir in aller Regel eingehende E-Mails in weniger als zwei Stunden beantworten, machen sich diese Referendare Arbeit und Stress, der nicht sein muss, wenn sie denn einfach die Hinweise, die ihnen gegeben werden, lesen würden!

Und für uns stellt sich die Frage: Was sollen wir denn noch tun, um die Referendare darauf hinzuweisen, dass sie einen Prüferwechsel selbst im Login-Bereich vornehmen können und uns keine E-Mail zu schreiben brauchen?

» *Lese alle Absätze einer einschlägigen Norm*

Ein weiterer wichtiger Hinweis, der nur der Vollständigkeit halber hier ebenfalls noch genannt werden soll, weil er hierzu passt: Wenn Du eine einschlägige Norm im Gesetz gefunden hast, dann lese zum einen **alle Absätze dieser Norm** und überfliege zum anderen auch **die Paragraphen vor und nach dieser Norm**, ob diese nicht auch für den Sachverhalt Relevanz haben könnten.

Auch dieser Hinweis wird allen Jurastudenten immer wieder gepredigt, sodass Referendare dieses eigentlich automatisch machen müssten. Aufgrund von Schludrigkeit und wegen des im Examen herrschenden Stresses vergessen aber auch im 2. Examen viele diese Regel. Das kostet unnötig

Punkte und hat **ggf. gravierende Auswirkungen** auf das Ergebnis des für das spätere Berufsleben so wichtige 2. Staatsexamen.

24 Erlerne die Sprache der Praktiker

Eine der wichtigsten Aufgaben im Referendariat ist es, die **Sprache der Praktiker zu erlernen** und diese in den Übungsklausuren in der AG und vor allem in den Examensklausuren zu verwenden. Schreibst Du eine Urteilsklausur, muss sich die Klausur auch wie ein Urteil lesen; verfasst Du eine Anklageschrift, musst Du die Anklage so wie ein Staatsanwalt formulieren; und ist in der Klausur ein anwaltlicher Schriftsatz zu erstellen, musst Du diesen so ausarbeiten, wie es ein Anwalt in der Praxis machen würde.

» Gründe für das Beherrschen der Sprache der Praktiker

Die Sprache der Richter, Staatsanwälte und Rechtsanwälte zu beherrschen und dies in den Klausuren anzuwenden, ist enorm wichtig, **um größtmöglichen Erfolg im 2. Staatsexamen** zu haben. Zum einen sind es gerade die Praktiker, die die Examensklausuren korrigieren. Ein Richter, der täglich Urteile diktiert, honoriert es, wenn auch die zu korrigierende Klausur sich wie ein – von ihm diktiertes – Urteil liest. Gleiches gilt selbstverständlich für die Staatsanwälte und Rechtsanwälte, die **zur Korrektur von Klausuren im 2. Examen** eingesetzt werden.

Zum anderen erfüllt die Sprache auch eine bestimmte Funktion. Urteile lesen sich nicht durch Zufall immer recht ähnlich, was den Aufbau und die Formulierungen angeht. Vielmehr muss man sich klarmachen, dass ein Urteil im besten Fall **Rechtsfrieden zwischen den Parteien** herstellen soll. Insbesondere die unterlegene Partei eines Prozesses soll **überzeugend dargelegt bekommen**, warum das Gericht zu Gunsten des Gegners entschieden hat. Um dieses Ziel zu erreichen, ist das Urteil sprachlich so zu fassen, dass grundsätzlich **keine Zweifel des Gerichts** in den Ausführungen zu erkennen sind. Dies muss man auch bei der Formulierung seiner eigenen Klausurlösungen beherzigen.

Aus der **Funktion des Urteils bzw. des Urteilsstils**, möglichst den Unterlegenen von der Richtigkeit der Entscheidung zu überzeugen, folgt im Übrigen der wichtige – und in jeder Klausur einzuhaltende – Grundsatz, dass auf alle von der unterlegenen Partei **argumentativ eingebrachten Tatsachen und Rechtsansichten** in den Entscheidungsgründen einzugehen ist. Macht man als Richter (bzw. als Klausurbearbeiter) zum Beispiel keine Ausführungen zur Frage der Verjährung des Anspruchs, obwohl die letztlich unterlegene Partei sich genau hierauf berufen hat, fühlt sich diese nach dem Lesen der Entscheidungsgründe sicherlich „übergangen"; das Urteil wird die unterlegene Partei nicht überzeugen können.[*]

» Der Urteilsstil als Ausgangspunkt

Grundlegende Voraussetzung, um überzeugende Urteile schreiben zu können, ist es den **Urteilsstil zu beherrschen und konsequent anzuwenden**. Das Erlernen und die Anwendung des Urteilsstils müssen dabei kurzfristig nach Beginn des Referendariats erfolgen. Spätestens in der zweiten oder dritten Übungsklausur muss die gedankliche **Umstellung**

---

[*] Nicht durchgreifende Rechtsansichten der unterlegenden Partei werden in Urteilen gerne sprachlich folgendermaßen eingeleitet: „Soweit der Beklagte sich darauf beruft, der Anspruch sei bereits verjährt, kann dem nicht gefolgt werden." Anschließend folgt die Darstellung der Voraussetzungen für eine Verjährung und die Begründung, warum diese gerade im vorliegenden Fall nicht gegeben sind.

vom in der Uni gelernten Gutachtenstil auf den von den Praktikern verwendeten Urteilsstil abgeschlossen sein. Es darf keinesfalls passieren, dass man erst in der Examensvorbereitung versucht, sich diesen neuen Schreibstil richtig anzueignen; leider zeigen unsere eigenen Erfahrungen, dass aber viele Referendare genau das machen. Selbst im 2. Examen sind noch einige Referendare nicht in der Lage, diesen **grundlegenden Stil der Praktiker** in einer Klausur anzuwenden.

Mit der Umstellung von Gutachten- auf Urteilsstil tun sich gerade die Referendare schwer, die den universitären Gutachtenstil besonders gut verinnerlicht haben. Um **Missverständnisse bei der Umstellung** des Stils zu vermeiden, möchten wir an dieser Stelle auf einen Satz eingehen, der sich in vielen Lehrbüchern findet und eigentlich nicht richtig ist, nämlich: „Der Urteilsstil ist nichts anders als ein umgekehrter Gutachtenstil". Dass dieser plakative Satz nicht stimmt, möchten wir Dir **anhand eines Beispiels** aufzeigen.

> **Sachverhalt:** K hat beim Vertragshändler V einen VW Touareg TDI gekauft und ist somit vom sogenannten „Abgasskandal" betroffen. Da K das Auto loswerden möchte, ficht er den Kaufvertrag wegen arglistiger Täuschung durch V an.

> **Rechtliche Würdigung im Gutachtenstil:** Der Kaufvertrag zwischen K und V könnte aufgrund einer Anfechtung wegen arglistiger Täuschung nach den §§ 123 Abs. 1, 142 Abs. 1 BGB nichtig sein. (= 1 = Obersatz) Voraussetzung für eine Anfechtung nach § 123 BGB ist es, dass der Anfechtungsgegner einen Irrtum erzeugt oder aufrechterhält, der Täuschende also weiß und will, dass sein Verhalten zu einem Irrtum des Getäuschten führen wird. (= 2 = Definition) Der Vertragshändler V wusste aber im Zeitpunkt des Vertragsschlusses ebenso wenig wie der Käufer K von der manipulativen Abschalteinrichtung im VW Touareg und hatte keine Kenntnis vom erhöhten Schadstoffausstoß des Autos.

(= 3 = Subsumtion) Der Kaufvertrag zwischen K und V ist folglich nicht nach den §§ 123 Abs. 1, 142 Abs. 1 BGB nichtig. (= 4 = Ergebnis)

Rechtliche Würdigung im Urteilsstil: Der Kaufvertrag zwischen K und V ist auch nicht aufgrund einer Anfechtung wegen arglistiger Täuschung nach den §§ 123 Abs. 1, 142 Abs. 1 BGB nichtig. (= 4 = Ergebnis) Eine Anfechtung nach § 123 BGB setzt voraus, dass der Anfechtungsgegner einen Irrtum erzeugt oder aufrechterhält, der Täuschende also weiß und will, dass sein Verhalten zu einem Irrtum des Getäuschten führen wird. (= 2 = Definition) Der Vertragshändler V wusste aber im Zeitpunkt des Vertragsschlusses ebenso wenig wie der Käufer K von der manipulativen Abschalteinrichtung im VW Touareg und hatte keine Kenntnis vom erhöhten Schadstoffausstoß des Autos. (= 3 = Subsumtion)[*]

Der Urteilsstil ist – wie das Beispiel zeigt – **zum einen kürzer** als der Gutachtenstil. Statt Obersatz und Ergebnis findet sich im Urteilsstil nur noch ein Ergebnissatz. Zum anderen wird aus der Reihenfolge des Gutachtenstils 1-2-3-4 im Urteilsstil gerade **nicht die umgekehrte Reihenfolge** 4-3-2, sondern vielmehr die Folge 4-2-3. Der gern gebrachte Satz „Der Urteilsstil ist nichts anders als ein umgekehrter Gutachtenstil" ist also sicherlich nicht richtig!

---

[*] Sowohl in einem Rechtsgutachten als auch in einem zivilrechtlichen Urteil müsste man in der Folge auf die Frage eingehen, ob sich der Vertragshändler die Kenntnis der zuständigen Mitarbeiter des VW-Konzerns von der Manipulationssoftware zurechnen lassen muss mit der Folge, dass der Vertrag nach § 123 Abs. 2, § 142 Abs. 1 BGB nichtig ist. Diese Frage wird derzeit von den Gerichten in Deutschland unterschiedlich beantwortet. Eine Zurechnung bejahte beispielsweise das LG München für den Fall, dass das Autohaus eine 100-prozentige Tochter des VW-Konzerns ist (Urt. v. 14.04.2016 – Az.: 23 O 23033/15).

» Weitere Tipps zum Erlernen der „Praktikersprache"

Auch wenn wir Dich nun hoffentlich von der Wichtigkeit überzeugt haben, *dass* man die Sprache der Praktiker erlernt, stellt sich natürlich als nächstes die Frage, *wie* man sich für die Klausuren die Praktikersprache aneignet. Dazu **folgende Tipps**:

- Lies viele Urteile – insbesondere solche der OLG und des BGH – und achte bei diesen Urteilen nicht auf die rechtlichen Aussagen, sondern allein auf die genutzten Formulierungen und die Struktur der Argumentation.

- Lerne es von Anfang an, in den Übungsklausuren eine klare (Argumentations-)Struktur zu verwenden.

- Mache Dir die Bedeutung der Sprache – insbesondere die Bedeutung des Urteilsstils – klar und versuche bei der Ausformulierung eigener Klausuren dieser Bedeutung gerecht zu werden.

- Schreibe Klausuren mit einer an Arroganz grenzenden Überzeugung – egal ob Du von der von Dir entwickelten Lösungsskizze tatsächlich überzeugt bist. Es dürfen in sprachlicher Hinsicht beim Leser keine Zweifel an der Richtigkeit Deiner Ausführungen aufkommen.

> **(Eingeschränkter) Literaturtipp zum Thema**
>
> Im Jahr 2016 erschien das Buch „Spitzenklausuren im Assessorexamen: Sprachliche Strukturen und Grundlagen der Klausurtechnik", das sich genau dem von uns dargelegten Thema der Wichtigkeit der „richtigen" Sprache in einer Klausur widmet. In dem Buch wird der Sprach- und Schreibstil hervorragender Juristen analysiert. Geschrieben wurde das Buch von Florian Metz, Richter am Amtsgericht und Referendarausbilder.
>
> Wir können das Buch allerdings nur eingeschränkt empfehlen. Denn auch wenn der Ansatz des Autors genau der richtige ist – nämlich dem

Leser aufzuzeigen, wie Richter ein Urteil sprachlich und argumentativ abfassen – sind die Ausführungen im Buch oftmals viel zu theorielastig und wissenschaftlich, was das Lesen ungemein schwierig macht. Es werden zur Vermittlung der Erkenntnisse vom Autor zu viele – zum Teil selbst entwickelte – Fremdworte verwendet, die es gar nicht bedurft hätte. Wer sich hiervon nicht abschrecken lässt, dem sei dieses Buch durchaus zur Vertiefung des Themas empfohlen.

Dieser Hinweis auf das so wichtige Beherrschen der Sprache der Praktiker ist zusammen mit dem Abgeben einer fertigen Klausur (vgl. dazu Kapitel 22) sowie dem Verständnis des Fehlersystems und der Vermeidung von Formfehlern (vgl. dazu Kapitel 25) unserer Ansicht nach bei Umsetzung  in den Examensklausuren eine **Garantie, das Examen zu bestehen**! Denn es ist **erschreckend** zu sehen, wie viele Referendare es im Examen nicht beherrschen, eine sprachlich gute, durchstrukturierte und fertige Klausurlösung abzuliefern, bei der auch keine Fehler bei den grundlegenden Formalien gemacht wurden. Im Umkehrschluss bedeutet dies, dass man mit dem Durchfallen im 2. Examen nichts zu tun haben wird, wenn man die **Sprache der Praktiker beherrscht**, eine **fertige Klausur abgibt** und gerade **keine formalen Fehler macht**. Und sich auf das 2. Examen derart vorzubereiten, dass man dies bei jeder Klausur im schriftlichen Examen auch genauso schafft, ist mit Sicherheit kein „Hexenwerk".

25

Mache Dir das „Fehlersystem" im schriftlichen Examen klar

Eine „fehlerfreie Klausur", die folglich mit der **Höchstpunktzahl von 18 Punkten** bewertet werden müsste, werden wohl die allerwenigsten Juristen jemals im Studium, Referendariat oder in den Examina schreiben. Fehler zu machen ist also normal und auch im 2. Staatsexamen nicht zu verhindern.

Es ist aber äußerst wichtig sich klarzumachen, wie Korrektoren eine Klausur lesen bzw. bewerten und **wie sich ein Fehler auf die letztliche Bewertung einer Klausur auswirkt.** Hierbei gibt es eine Art „Fehlersystem". Ist man sich dieses Systems bewusst, ist es viel leichter gute Klausuren zu schreiben.

» Exkurs in die Betriebswirtschaftslehre

Zur Verdeutlichung bietet sich ein Ausflug in die Betriebswirtschaftslehre an, genauer gesagt ein Blick auf die „**Motivation-Hygiene-Theorie**" von Frederick Herzberg. Herzberg führte eine empirische Studie zu den Faktoren durch, die Einfluss auf die Motivation bzw. Zufriedenheit von Arbeitnehmern haben. Dabei identifizierte er einerseits „Hygienefaktoren" und andererseits „Motivatoren":

- Unter **Hygienefaktoren**[*] versteht Herzberg die Faktoren, welche bei positiver Ausprägung die Entstehung von Unzufriedenheit beim

---

[*] Zu diesen Faktoren zählen laut Herzberg u.a. die Faktoren Entlohnung und Gehalt, die Personalführung und die Sicherheit der Arbeitsstelle.

Arbeitnehmer verhindern, aber nicht zur Zufriedenheit beitragen bzw. diese erzeugen. Häufig werden diese Faktoren gar nicht bemerkt oder als selbstverständlich betrachtet. Sind sie aber nicht vorhanden, empfindet der Arbeitnehmer dies als Mangel.

- Zu den **Motivatoren**[*] zählen dagegen die Umstände, deren Fehlen zwar nicht zwangsläufig zur Unzufriedenheit des Arbeitnehmers führen; sind solche Motivatoren aber vorhanden, hat diese eine höhere Zufriedenheit des Arbeitnehmers zur Folge.

Die Auswirkung von fehlenden/vorhandenen Hygienefaktoren bzw. Motivatoren auf die Zufriedenheit des Arbeitnehmers lässt sich **tabellarisch** also folgendermaßen darstellen:

	Beim Fehlen	**Beim Vorhandensein**
Hygienefaktoren	unzufrieden	neutral
Motivatoren	neutral	zufrieden

» Übertragbarkeit auf das schriftliche Assessorexamen

Herzbergs Theorie lässt sich perfekt **auf den Einfluss der Klausurlösung** auf die Zufriedenheit bzw. Unzufriedenheit des Korrektors übertragen. Es gibt Bestandteile der Klausurlösung, deren Vorhandensein den Korrektor nicht zufriedener macht, deren Fehlen aber zur Unzufriedenheit und damit zu Punktabzug führt. Hierzu zählen unserer Ansicht nach **zum Beispiel**

---

[*] Hierzu zählen laut Herzberg u.a. das Innehaben von Verantwortung, der berufliche Aufstieg sowie das Vorhandensein von Entfaltungsmöglichkeiten.

- sämtliche formalen Fehler beim Aufbau eines Entscheidungsentwurfs,
- die falsche Formulierung des Tenors,
- das Nichtbeherrschen des Urteilsstils,
- Fehler bei der Differenzierung von Tatsachen und Rechtsansichten im Rahmen des Tatbestands sowie
- das Abgeben einer nicht fertigen Klausur.

Und dann gibt es Bestandteile einer Klausur, deren Vorhandensein die Zufriedenheit des Korrektors steigert und damit zu Punkten führt, deren Fehlen aber den Korrektor nicht zwingend unzufrieden macht. Hierunter fallen insbesondere – nicht offensichtlich schwerwiegende – **Fehler im Rahmen der materiellrechtlichen Lösung** der Klausur; dies gilt insbesondere für solche Rechtsfragen, die mit einer guten Argumentation in zweierlei Richtung hin entschieden werden können.[*]

» Schlussfolgerungen für das Schreiben der eigenen Klausuren

Ob und wie viele punktebringende Lösungswege und Argumente (also Motivatoren) Du mit Deiner Ausarbeitung triffst, wird **von Klausur zu Klausur unterschiedlich** sein. Es gibt Sachverhalte und Rechtsgebiete, die einem besser liegen werden als andere. Die wichtige Schlussfolgerung aus dem Verstehen des **„Fehlersystems" in juristischen Klausuren**

---

[*] Examensklausuren liegen nicht selten oberstgerichtliche Entscheidungen zugrunde. Sehr häufig hat zumindest eines der vorinstanzlichen Gerichte den Rechtsstreit anders entschieden als schließlich der BGH oder das BVerwG. Dabei wird die Argumentation des Instanzgerichts nur in Ausnahmefällen komplett untragbar gewesen sein. Dies zeigt, dass eine Rechtsfrage – eine gute Argumentation vorausgesetzt – oftmals auch abweichend von der Lösungsskizze beantwortet werden kann.

muss aber sein, solche Fehler zu vermeiden, die zur Unzufriedenheit des Korrektors und damit zu Punktabzug führen (also Hygienefaktoren).

An dieser Stelle müssen wir schlicht wiederholen und betonen, was wir Dir bereits am Ende des letzten Kapitels mit auf den Weg gegeben haben: Insbesondere **formale Fehler beim Aufbau und Inhalt der Klausurlösung zu vermeiden**, ist beim besten Willen kein „Hexenwerk". Schließlich hat man bis zum schriftlichen Examen ausreichend Zeit, sich sämtliche „Basics" der Abfassung und Formulierung einer Assessorklausur anzueignen und durch das Schreiben einer Vielzahl von Übungsklausuren so zu verinnerlichen, dass Fehler in diesem Bereich auf keinen Fall mehr im Examen auftreten. Wenn man aber sieht, wie viele Referendare ins Examen gehen, **ohne diese „Hygienefaktoren" zu beherrschen** (mit denen man beim Korrektor zwar keinen Blumentopf gewinnen, aber bei Fehlern in diesem Bereich eine Menge Punkte verlieren kann), muss man sich nicht wundern, dass stets einige Referendare – zumindest bei ihrem ersten Versuch – durch das Examen fallen.

26 Verliere nicht den Mut, wenn Du erstmals durch das Examen fällst

Nach den schriftlichen Klausuren ist es wichtig, erst einmal **Abstand von den Klausuren** zu gewinnen. Gegen den Blick in ein Forum, in dem sich über die geschriebenen Klausuren im 2. Examen ausgetauscht wird, ist zwar grundsätzlich nichts einzuwenden. Du solltest jedoch tunlichst davon absehen, Dich im Anschluss zu ausführlich mit Deinen geschriebenen Klausuren auseinanderzusetzen.

Keine „was wäre wenn..."-Gedanken

Befasse Dich nicht allzu lange damit, was Du wie hättest anders machen können; und stelle bloß keine Vermutung auf, wie schwerwiegend dieser oder jene Fehler wohl zu gewichten ist und ob es für das Bestehen reicht. Die Klausuren sind geschrieben und an Deiner Leistung kannst Du nun nichts mehr ändern.

Weder Du, noch Deine Mitschreiber – und schon gar nicht anonyme User im Internet – kennen die **Musterlösung des Prüfungsamtes** und können Dir verraten, womit Du ganz sicher bestanden hast oder ganz sicher durchgefallen bist. Oftmals trügt der eigene Eindruck von seiner eigenen Klausurbearbeitung auch und die Bewertung einer Klausur fällt besser oder schlechter aus, als Du sie selbst eingeschätzt hast. Dies wird Dir vielleicht sogar von den Klausuren im 1. Examen bekannt sein. Vielmehr solltest Du daher den **Blick nach vorne richten** und direkt nach den Klausuren abschalten und entspannen, um mit voller Energie die Wahlstation anzugehen.

» Benötigte Vorpunkte für die Zulassung zur mündlichen Prüfung

Irgendwann schreitet er mit großen Schritten auf Dich zu und egal wie gut Du es zuvor geschafft hast, die Klausuren zu verdrängen, so ist gegen Ende der Wahlstation der große Tag gekommen und Du bekommst den **Bescheid über Deine schriftliche Prüfungsleistung.** Die Regelungen der Bundesländer, mit wie vielen Vorpunkten man zur mündlichen Prüfung geladen wird, weichen dabei stark voneinander ab.

So ist die schriftliche Prüfungsleistung beispielsweise in **Bayern** gemäß § 64 Abs. 3 JAPO bestanden, wenn ein Gesamtdurchschnitt von mindestens 3,72 Punkten erreicht wurde und dabei in mindestens vier Aufsichtsarbeiten 4,0 oder mehr Punkte erzielt wurden. In **Hessen** werden gemäß § 49 JAG insgesamt 6 oder mehr Aufsichtsarbeiten mit einer Durchschnittspunktzahl von mindestens 4,0 Punkten oder eine Durchschnittspunktzahl aller Aufsichtsarbeiten mit mindestens 3,1 Punkte benötigt.

Übersicht zu den erforderlichen Punktzahlen

Eine Übersicht über die einzelnen Anforderungen in jedem Bundesland, um zur mündlichen Prüfung geladen zu werden, findest Du auf der Seite: http://www.protokolle-assessorexamen.de/ladung.php

---

In einigen Bundesländern werden die Bescheide mit den Ergebnissen nur **postalisch** versendet, in anderen Bundesländern – beispielsweise Nordrhein-Westfalen – wird vorab an einem bestimmten Termin eine sogenannte **„Durchfaller-Liste" online gestellt**, bevor anschließend die konkreten Ergebnisse per Post verschickt werden. Auf dieser „DurchfallerListe" sind all die Prüfungsziffern der Referendare aufgelistet, die die Klausuren **nicht bestanden haben**. Man kann anhand einer solchen Liste somit immerhin schon erkennen, ob man die Hürde der Klausuren gemeistert hat. Doch wie geht es weiter, wenn man Du Deine Prüfungsziffer

auf der Liste entdeckst oder postalisch darüber informiert wirst, dass es nicht für die erforderliche Gesamtpunktzahl zum Bestehen der Klausuren gereicht hat?

» *Das Gefühl, in ein tiefes Loch zu fallen*

Leider trifft es jedes Jahr **bundesweit ca. 14 % aller Kandidaten**, die das 2. Examen nicht bestehen. Solltest Du in diese Situation geraten, so zieht es Dir sicherlich erst einmal den Boden unter den Füßen weg. Auch wenn das Gefühl nach den Klausuren nicht gut gewesen sein mag (umso schlimmer, wenn es sogar eigentlich ganz gut war), so ist die Bescheinigung des Prüfungsamtes, dass es tatsächlich **nicht zum Bestehen der schriftlichen Prüfungsleistung gereicht** hat, erst einmal ein kleines persönliches Drama.

Und das darf es auch sein. Es ist vollkommen in Ordnung, sich diesem Gefühl hinzugeben. Es ist auch völlig in Ordnung, sich erst einmal zurückziehen zu wollen – oder zumindest auf keinen Fall mit den anderen Referendaren über sein eigenes persönliches Scheitern reden zu wollen, während es scheint, als würden alle um einen herum ihre Ergebnisse feiern.

Allerdings ist es nicht in Ordnung, wenn dieser Zustand **über einen längeren Zeitraum** anhält und Du in ein Loch der Verzweiflung, Sorge und Lethargie verfällst. Nach der Zeit der Trauer sollte der Blick auch wieder nach vorne gerichtet sein, getreu dem Motto: „Nach jedem Regen kommt wieder Sonnenschein". Denn es bringt Dir absolut nichts, den aktuellen Zustand nur zu bedauern. Vielmehr gilt es, **die zweite Chance zu nutzen** und vernünftig anzugehen. Dafür brauchst Du vor allem eins: einen klaren Kopf und neue Energie.

» Setze Dich intensiv mit Deinen Klausuren auseinander

Wir empfehlen Dir unbedingt, eine **Fehleranalyse** zu betreiben, um zu sehen woran es gelegen hat, dass Deine schriftlichen Leistungen nicht zum Bestehen gereicht haben. Hierzu ist wichtig, dass Du **Einsicht in Deine geschriebenen Klausuren** nimmst. War es die Aufregung? Wurdest Du mit den Klausuren nicht fertig? Hast Du grobe Fehler gemacht, zu oberflächlich gearbeitet oder falsche Schwerpunkte gesetzt?

Einsichtnahme in die Klausuren ist Pflicht

Viele Referendare meinen bereits zu wissen, woran es gelegen hat. Bei der Fehleranalyse darf Dir aber absolut kein Fehler passieren. Also nimm bitte auf jeden Fall Einsicht in die Klausuren. Manche Korrekturanmerkungen werden Dir sicherlich dabei helfen, bestimmte Fehler im 2. Versuch zu vermeiden.

Beachte hierbei auch die **Frist für die Klausureinsicht**. Referendare in NRW (§ 56 Abs.1 i.V.m. § 23 Abs. 2 JAG) und Niedersachsen (§ 20 Abs. 1 NJAG) können beispielsweise ihre Klausuren **innerhalb eines Monats nach schriftlicher Bekanntgabe** der Entscheidung über das Bestehen oder Nichtbestehen der Staatsprüfung einsehen.

Zwar kann es im Einzelfall vorkommen, dass die Klausureinsicht nicht sehr gewinnbringend ist, weil beispielweise kaum oder nur **sehr wenige Anmerkungen der Korrektoren** enthalten sind, die Dir für eine ausgiebige Fehleranalyse helfen. Denn manche Korrektoren möchten ihrer Korrekturleistung so wenig Angriffsfläche wie möglich bieten und halten sich daher mit Anmerkungen eher zurück. **Eklatante Fehler**, wie falsche Anspruchsgrundlagen oder eine verkehrte Schwerpunktsetzung in Deiner Klausur, wirst Du trotzdem schnell erkennen können.

» Widerspruch einlegen?

Solltest Du das Gefühl haben, in einigen Klausuren **unfair bewertet** worden zu sein und kannst Du auch entsprechende Fehler in der Korrektur feststellen, dann solltest Du über einen **Widerspruch** – sofern dies in Deinem Bundesland der richtige Rechtsbehelf ist (vgl. abweichend etwa § 14 JAPO Bayern: Nachprüfungsverfahren) – gegen die Klausurbewertung(en) nachdenken. Sei Dir allerdings auch im Klaren darüber, dass die Erfolgschancen bei Widersprüchen gegen juristische Klausurbewertungen nicht sehr hoch sind.

Geringe Erfolgsquoten von Widersprüchen

Das LJPA Bayern ist unserer Kenntnis nach das einzige Prüfungsamt, das auch Statistiken zu den Nachprüfungsverfahren in den Jahresberichten aufführt. Auch wenn sich die Statistik auf sämtliche vom LJPA abgenommenen Prüfungen und nicht nur auf das 2. Staatsexamen bezieht, zeigen die Zahlen, dass es eine eher geringe Erfolgsquote beim Vorgehen gegen Klausurbewertungen gibt:

So wurden im Jahr 2016 insgesamt 105 Nachprüfungsverfahren abgeschlossen. In lediglich sieben Fällen wurde dabei eine Einzelnote angehoben. Dies entspricht einer Erfolgsquote von gerade mal 6,67 %.

Den Widerspruch kannst Du **innerhalb der einmonatigen Widerspruchsfrist** selbst oder über einen (idealerweise auf das Prüfungsrecht spezialisierten) Anwalt erheben. Ein Widerspruch macht jedoch nur Sinn, wenn es Dir dadurch möglich ist, mit einer besseren Bewertung aus einer oder mehreren Klausuren **über die erforderliche Punktehürde** zu kommen. Solltest Du also sehr weit von der benötigten Punktzahl zum Bestehen der schriftlichen Prüfungsleistung entfernt sein, wird Dir ein Widerspruch – sofern Du nicht in mehreren Klausuren eklatante Bewertungsfehler finden kannst – nicht zum Erfolg verhelfen (können).

Doppelte Bestrafung bei erfolglosem Widerspruch

Nicht nur dass es mehr als ärgerlich ist, wenn ein Widerspruch gegen die Klausurbewertungen im Ergebnis erfolglos verläuft: Ein erfolgloses Widerspruchsverfahren ist darüber hinaus auch mit Kosten verbunden, die wir Dir nur kurz beispielhaft darstellen möchten.

In NRW fallen beispielsweise nach § 3 Abs. 1 JAGebO für das Verfahren im Allgemeinen 25 Euro und für jede Aufsichtsarbeit, deren Bewertung erfolglos angegriffen wird, 50 Euro an. In Niedersachsen wird nach Nr. 7.1 und 7.2 in Anlage 2 zu § 111 Abs. 2 NJG eine Rahmengebühr erhoben, die je nach Umfang zwischen 50 Euro und 300 Euro beträgt. Das Widerspruchsverfahren dauert nach Angabe des Landesjustizprüfungsamtes in Niedersachsen im Durchschnitt 2 Monate.

» *Der Ergänzungsvorbereitungsdienst*

Es ist unheimlich wichtig, dass Du **nach einer gewissen (juristischen) Pause** – die jedoch nicht länger als zwei bis drei Wochen dauern sollte – wieder anfängst, Dich auf die kommenden Monate vorzubereiten: den Ergänzungsvorbereitungsdienst und den zweiten Versuch des schriftlichen Examens. Ein solcher zweiter Examensversuch ist **in jedem Bundesland** vorgesehen und bietet Dir somit die Möglichkeit, Dein Können erneut zu beweisen.

Bei gegebenenfalls **gekürzter Unterhaltsbeihilfe** bleibt man während des Ergänzungsvorbereitungsdienstes weiterhin Referendar in einem öffentlich-rechtlichen Ausbildungsverhältnis und wird in einer **Repetenten-AG** intensiv auf den zweiten Versuch vorbereitet.

Kürzung der Unterhaltsbeihilfe

Die Juristenausbildungsordnungen aller Bundesländer sehen im Falle des erstmaligen Durchfallens eine Weiterbeschäftigung des Referendars bei Kürzung der Unterhaltsbeihilfe vor. Wie hoch die Kürzung ausfällt ist von Land zu Land unterschiedlich. Als Referendar muss man mit einer prozentualen Kürzung in Höhe von ca. 10 – 15 % rechnen.

» Dauer und Ausgestaltung des Ergänzungsvorbereitungsdienstes

Anders als nach dem ersten Examen ist für das zweite Examen genau geregelt, wann Du die Klausuren erneut anfertigen musst. Der Ergänzungsvorbereitungsdienst dauert – je nach Bundesland – **zwischen drei und fünf Monaten**.

Der Ergänzungsvorbereitungsdienst unterstützt Dich in der Vorbereitung, damit es beim zweiten Anlauf klappt. Die konkrete Ausgestaltung ist in den Ländern sehr unterschiedlich geregelt und die **Informationen zum konkreten Ablauf, Ort und Zeit** erhältst Du zeitnah von Deiner Ausbildungsstelle mitgeteilt.

Pflicht vs. Freiwilligkeit

In NRW ist beispielsweise die Teilnahme an der Repetenten-AG freiwillig, man muss sich aber zwingend einem Einzelausbilder zuweisen lassen. In Berlin, Brandenburg, Bremen, Hamburg und Schleswig-Holstein dagegen ist der Besuch der Repetenten-AG verpflichtend, während eine Stationsausbildung im Ergänzungsvorbereitungsdienst gerade nicht stattfindet.

Neben der Wissensvermittlung in der Arbeitsgemeinschaft erhältst Du oftmals auch ein **intensives Klausurtraining** und kannst so gezielt an

Deinen Schwachpunkten arbeiten. Da sich der Ergänzungsvorbereitungs-dienst an all diejenigen Referendare richtet, die in den Klausuren durch-gefallen sind, bist Du zudem **unter Gleichgesinnten** und siehst, dass es weitere Referendare gibt, die in derselben Situation sind wie Du. Du bist also keineswegs allein. Nutze die Chance und nimm den Ergänzungsvor-bereitungsdienst gewissenhaft wahr, so dass Du für den zweiten Versuch noch einmal alles geben kannst.

> **Motivierende Zahlen für den 2. Versuch**
>
> Laut den Statistiken der Länder fallen lediglich ca. 5 % aller Kandidaten eines Prüfungstermins wiederholt durch das 2. Examen. Der Ergän-zungsvorbereitungsdienst scheint viele Referendare gut auf den 2. Ver-such vorzubereiten.

» Nach dem erneuten Anfertigen der schriftlichen Klausuren

Im Anschluss an den zweiten Klausurendurchgang musst Du **keine Wahlstation** mehr absolvieren. Zur Überbrückung bis zur Mitteilung der Klausurergebnisse solltest Du Dir allerdings eine Aufgabe suchen. Neben einem längeren Urlaub kann dabei insbesondere eine (juristische) Neben-tätigkeit (finanziell) sinnvoll sein. Achte jedoch darauf, jede Nebentätig-keit – dies gilt für das gesamte Referendariat – auch frühzeitig bei Deinem OLG **anzuzeigen** und den erlaubten zeitlichen Umfang nicht zu über-schreiten. Auch konkrete Gedanken darüber, wie es beruflich für Dich weitergehen soll, solltest Du so langsam anstellen und Dich ruhig ein we-nig auf dem Arbeitsmarkt umsehen.

27 Schaue Dir im Vorfeld eine mündliche Prüfung als Besucher an

Im 2. Staatsexamen besteht ein **großer Vorteil**: Man hat die Examenssituation – sowohl hinsichtlich der Klausuren als auch bezüglich der mündlichen Prüfung – am Ende des Studiums mit dem 1. Staatsexamen bereits einmal erlebt. Grundsätzlich weiß man also, was einen insbesondere bei der abschließenden mündlichen Prüfung erwartet. Trotz alledem empfehlen wir Dir, vor Deiner eigenen Prüfung eine **mündliche Prüfung im 2. Examen als Besucher** anzuschauen.

» *Wichtigkeit der mündlichen Prüfung*

Für den Besuch einer mündlichen Prüfung als Vorbereitung der eigenen Prüfung spricht die **überragende Wichtigkeit der Prüfung** für das Ergebnis des 2. Staatsexamens. Denn Aktenvortrag und Prüfungsgespräch machen insgesamt – je nach Bundesland – bis zu 40 % der Endnote aus.

	Aktenvortrag	Prüfungsgespräch
Baden-Württemberg	6 %	24 %
Bayern	---	25 %
Berlin/Brandenburg	16 %	24 %
Bremen/Hamburg/ Schleswig-Holstein	8 %	22 %

Hessen	10 %	30 %
Mecklenburg-Vor-pommern	5 %	25 %
Niedersachsen	12 %	28 %
NRW	10 %	30 %
Rheinland-Pfalz	6 %	24 %
Saarland	10 %	20 %
Sachsen	6,67 %	26,66 %
Sachsen-Anhalt	10 %	30 %
Thüringen	7 %	28 %

Dabei sind viele Prüfer durchaus bereit, die Referendare in der mündlichen Prüfung **deutlich besser zu bewerten** als es nach dem Schnitt aus den Klausuren der Fall ist. Man kann also mit einer guten mündlichen Prüfung deutliche Verbesserungen sowie Notensprünge erreichen.

Notensprünge sind machbar

Über Protokolle-Assessorexamen.de erhalten wir eine Vielzahl an Protokollen zu mündlichen Prüfungen im 2. Examen. Eine Auswertung der Examensergebnisse hat dabei gezeigt, dass Notensprünge durch die mündliche Prüfung sehr gut machbar sind! Im Einzelnen:

Notensprung von ausreichend auf befriedigend: ca. 57 %

Notensprung von ausreichend auf vollbefriedigend: ca. 1 %

> Notensprung von befriedigend auf vollbefriedigend: ca. 44 %
>
> Notensprung von befriedigend auf gut: ca. 0,5 %
>
> Notensprung von vollbefriedigend auf gut: ca. 20 %

Außerdem ist das Ergebnis des 2. Staatsexamens **für den Jobeinstieg** als Volljurist enorm wichtig. Nahezu alle Entscheider in der freien Wirtschaft werden der Note aus dem Assessorexamen eine höhere Bedeutung zumessen als dem Ergebnis des 1. Examens. Und selbst der Staat stellt teilweise hinsichtlich der Einstellungskriterien allein auf das 2. Examen ab.[*]

» *Aktenvortrag als „Visitenkarte"*

Ein Besuch einer mündlichen Prüfung im 2. Examen ist auch deshalb besonders hilfreich, weil man sich als „unbeteiligter Dritter" **das Halten der Aktenvorträge** anschauen kann. Dabei hat man sogar den Luxus, den Vortrag von vier oder fünf Kandidaten vergleichen zu können, die nacheinander den Aktenvortrag der Kommission präsentieren.

Gerade vor dem Aktenvortrag haben viele Referendare **besonderen Respekt.** Und das ist durchaus nachvollziehbar: Mit dem Aktenvortrag beginnt der Tag der mündlichen Prüfung. Sofern es kein „Vorstellungsgespräch" beim Prüfungsvorsitzenden gab, lernen die Prüfer den Kandidaten gerade mit dem Halten des Aktenvortrags erstmals kennen. Der Aktenvortrag ist also in der Regel **die „Visitenkarte" des Referendars** und hat mittelbar sicherlich großen

---

[*] So entscheidet beispielsweise allein das Resultat im 2. Examen darüber, ob man die Chance hat, in Bayern als Richter auf Probe eingestellt zu werden.

Einfluss darauf, wie die Benotung des nachfolgenden Prüfungsgesprächs ausfällt.

» Oftmals Anmeldung erforderlich

Unserer Kenntnis nach ist der Besuch einer mündlichen Prüfung **grundsätzlich in jedem Bundesland möglich**. Man sollte sich aber rechtzeitig auf der Seite des eigenen Justizprüfungsamts darüber informieren, ob ein Antrag zu stellen ist, der Besuch eine Anmeldung erfordert und / oder sonstige Fristen bestehen. Als Beispiel gehen wir im Folgenden auf die Regelungen in NRW und Hessen genauer ein:

(1) Nordrhein-Westfalen

In NRW ist Voraussetzung ein rechtzeitiger Antrag auf Reservierung eines Zuhörerplatzes. Der Antrag auf Platzreservierung soll per E-Mail an zuhoerer@jm.nrw.de gerichtet werden, die Anmeldung kann aber auch schriftlich erfolgen. Ob man einen Zuhörerplatz erhalten hat, erfährt man per Brief.

Der Antrag auf Reservierung eines Zuhörerplatzes muss spätestens zwei Wochen vor dem jeweiligen Prüfungstermin vorliegen.

(2) Hessen

In Hessen sind nur bei bestimmten mündlichen Prüfungen Zuhörer zugelassen. Die Liste der Prüfungen kann auf der Seite des LJPA eingesehen werden.

Anders als in NRW ist ein vorheriger Antrag beim Prüfungsamt offenbar nicht erforderlich. Laut den Hinweisen des JPAs wird empfohlen, sich rechtzeitig (ca. 15 Min.) vor Prüfungsbeginn einzufinden und sich beim Prüfungsvorsitzenden anzumelden.

Hinweis: Rechtsgrundlage für die Teilnahme als Besucher

Rechtlich geregelt ist der Besuch einer mündlichen Prüfung in den Juristenausbildungsverordnungen der Länder. So lautet beispielsweise § 53 Abs. 7 JAPrO Baden-Württemberg: „Rechtsreferendaren und anderen Personen, die ein berechtigtes Interesse haben, kann das Landesjustizprüfungsamt die Anwesenheit bei der mündlichen Prüfung mit Ausnahme der Beratung und der Bekanntgabe des Prüfungsergebnisses gestatten."

Sollten sich also auf der Homepage Deines Prüfungsamts keine Infos für das Zuhören bei mündlichen Prüfungen finden, schaue zunächst in die Ausbildungsordnung Deines Landes. Sind auch dort die Voraussetzungen für einen Besuch nur allgemein umrissen, setze Dich mit Deinem JPA in Verbindung.

» Vorherige Teilnahme lohnt sich

Die Teilnahme an einer mündlichen Prüfung im 2. Examen als Besucher hilft sicherlich dabei, die **eigene Nervosität etwas zu mindern**. Bei einem Besuch lernt man nicht nur das Prüfungsgebäude, sondern ggf. sogar **seinen eigenen Prüfungssaal** kennen. Darüber hinaus kann man sogar das Glück haben, beim Besuch einen Prüfer zu erleben, der in der **eigenen Prüfungskommission** sitzt. Denn nicht selten lassen sich Prüfer innerhalb einer Kampagne gleich mehrmals einteilen.

Hat man bereits seine Ladung erhalten und kennt man somit seine eigenen Prüfer, sollte man auf jeden Fall versuchen herauszufinden, ob der Prüfer in den Tagen vor der eigenen Prüfung nochmals Teil einer Kommission ist. Ist das der Fall, sollte man sich **schleunigst darum bemühen**, an diesem Termin als Zuhörer dabei zu sein!

Tipp: Liste aller Prüfungen online einsehen

Viele Justizprüfungsämter veröffentlichen lediglich eine Liste mit den Terminen, an denen mündliche Prüfungen stattfinden, nicht aber die Zusammensetzung der einzelnen Kommissionen. Auf unserer Internetseite Protokolle-Assessorexamen.de findest Du dagegen für jedes Bundesland eine Liste mit den nächsten mündlichen Prüfungen – inklusive der namentlichen Nennung der jeweiligen Prüfer! Gehe dazu einfach auf die Seite http://www.*bundesland*.protokolle-assessorexamen.de, und Du findest dort alle angesetzten und bekannten Prüfungen des jeweiligen Landes auf einen Blick.

Selbst wenn der Prüfungsort von Deinem aktuellen Wohn- und Ausbildungsort etwas entfernt ist, sollte Dich das nicht davon abhalten, eine Prüfung als Besucher mitzuerleben. Die **Kosten für die Hin- und Rückfahrt** sowie ggf. entstehende Hotelkosten kann man – neben den sogenannten Verpflegungsmehraufwendungen – als berufsbedingte Aufwendungen **steuerlich geltend machen**.

28   Übe möglichst viele Aktenvorträge für die mündliche Prüfung

Der Tag ist gekommen und Du hältst den positiven Bescheid über Deine schriftlichen Prüfungsleistungen in den Händen. Die erste Hürde ist somit gemeistert und schon bald steht die mündliche Prüfung an. Bestandteil der mündlichen Prüfung ist dabei in jedem Bundesland – mit Ausnahme von Bayern – das **Halten eines Aktenvortrags**.

Der Aktenvortrag bildet dabei immer den **ersten Teil der mündlichen Prüfung**; erst anschließend folgen die Prüfungsgespräche. Mit dem Vortrag gibt man also seine "Visitenkarte" bei den bis dato unbekannten Prüfern ab.

> **Der erste Eindruck ist enorm wichtig**
>
> Der erste Eindruck, den man bei den Prüfern macht, sollte keinesfalls unterschätzt werden! Im Gegenteil: Der Vortrag prägt oftmals – ob bewusst oder unbewusst – das Bild der Prüfer von den Kandidaten erheblich und beeinflusst somit mittelbar auch die Bewertungen der anschließenden Prüfungsgespräche.

» *Rechtsgebiet des Aktenvortrags*

In den meisten Bundesländern kann der Aktenvortrag **grundsätzlich aus allen Rechtsgebieten** stammen, die zum Pflichtstoff des 2. Examens zählen. Erst mit Erhalt der Ladung zur mündlichen Prüfung erfährt man verbindlich, aus welchem Rechtsgebiet der Aktenvortrag stammen wird (so zum Beispiel in NRW und Mecklenburg-Vorpommern).

Vor dieser Festlegung im Rahmen der Ladung sollte man sich vor allem mit **Vorträgen aus dem Zivilrecht** auf die mündliche Prüfung vorbereiten. Denn einen zivilrechtlichen Vortrag halten zu müssen, ist grundsätzlich am wahrscheinlichsten. Sollte mit der Ladung der mündlichen Prüfung mitgeteilt werden, dass der Vortrag doch aus dem Strafrecht, dem Öffentlichen Recht oder dem Arbeitsrecht stammen wird, hat man noch ausreichend Zeit, **weitere Vorträge aus dem jeweiligen Rechtsgebiet** zur Probe zu halten.

Eine andere Regelung gilt aber beispielsweise in **Niedersachsen, Hamburg und Rheinland-Pfalz**: Dort richtet sich das Rechtsgebiet des Aktenvortrags nach dem vom Referendar gewählten Wahl- bzw. Schwerpunktbereich.

In der Wahlstation bieten einige Bundesländer in der AG verstärkt das Halten von Aktenvorträgen zu Übungszwecken an. Diese Chance solltest Du **unbedingt nutzen**. Sofern Du Deine Wahlstation auswärts absolvierst, hast Du hierzu zwar keine Gelegenheit, dennoch solltest Du Dich gerade dann intensiv mit dem Aktenvortrag auseinandersetzen und mehrere Vorträge – auch vor anderen Personen – üben.

» Original-Aktenvorträge und weitergehende Literatur zu Übungszwecken

Auf den Seiten einiger Justizprüfungsämter – so zum Beispiel beim LJPA NRW und dem JPA Hessen – findest Du viele **kostenlose Aktenvorträge** zum Herunterladen und Üben. Darüber hinaus gibt es auch viele Bücher, die Dir helfen können, eine gute Herangehensweise an den Aktenvortrag zu erlernen.

Neben der inhaltlichen Präsentation und einem guten Zeitmanagement ist für einen gelungenen Aktenvortrag jedoch auch die **äußere Darstellung** (Haltung, Gestik, Mimik, Sprechweise) entscheidend. Wer also sowieso nicht gerne mündliche Prüfungen absolviert und sich vor Präsentationen scheut, sollte hierauf **besonderen Wert in der Vorbereitung** legen, um selbstbewusst aufzutreten und eine insgesamt souveräne Leistung abzuliefern.

» *Vorbereitungszeit für den Aktenvortrag in der mündlichen Prüfung*

Die Regelungen in den Gesetzen und Verordnungen der Länder hinsichtlich der Zeit, die den Kandidaten **zur Vorbereitung des Aktenvortrags** in der mündlichen Prüfung zur Verfügung steht, variieren von Land zu Land.

	Vorbereitungszeit
Baden-Württemberg	75 Minuten
Bayern	----
Berlin/Brandenburg	60 Minuten
Bremen/Hamburg/ Schleswig-Holstein	90 Minuten
Hessen	60 Minuten
Mecklenburg-Vorpommern	90 Minuten
Niedersachsen	60 Minuten
NRW	60 Minuten
Rheinland-Pfalz	90 Minuten
Saarland	90 Minuten

Sachsen	60 Minuten
Sachsen-Anhalt	60 Minuten
Thüringen	90 Minuten

Wie schon bei den Übungsklausuren vor dem schriftlichen Examen lautet auch bei den zur Vorbereitung auf die mündliche Prüfung gehaltenen Aktenvorträgen unser Tipp, diese **in 15 Minuten weniger vorzubereiten** als eigentlich im Examen selbst zur Verfügung stehen. So simuliert man die **Zeitknappheit**, die im Examen aufgrund von Nervosität und Anspannung deutlich größer ist als bei den Übungsvorträgen zu Hause.

» Zeitmanagement und Aufbau Deines Aktenvortrags

Du wirst bei der Vorbereitung und nach einiger Übung schnell merken, wie Du am effektivsten an die Bearbeitung von Aktenvorträgen herangehst. Du kannst dabei mit **Textmarkern oder Post-Its** arbeiten oder Dir lediglich Notizen anfertigen. Wichtig ist, dass Du immer die Zeit im Blick behältst.

Dabei hat sich bei vielen Referendaren bewährt, nicht mehr als ein Viertel der Zeit zum **Erfassen des Sachverhaltes** aufzuwenden. Zwei Viertel der  Zeit solltest Du sodann der **Ausarbeitung Deiner Lösung** widmen und Dir das verbleibende Viertel der Zeit als Reserve einplanen, um Deine Ausarbeitung noch einmal **kontrollieren** zu können.

Bei Deiner Ausarbeitung solltest Du jedoch vor allem darauf achten, Deine Lösung **nicht auszuformulieren**. Du wirst sonst sehr wahrscheinlich in große Zeitnot geraten und läufst zudem Gefahr, Deine Lösung einfach nur abzulesen. Es ist aber gerade **Prüfungsbestandteil**, dass Du einen Vortrag *hältst* und nicht dass Du einen Vortrag *abliest*.

Fasse Deine Lösung – mit Ausnahme der abschließenden Anträge – daher nur **in knappen Stichpunkten** zusammen.

Aufbau eines Aktenvortrags

Hinsichtlich des Aufbaus eines Aktenvortrags kannst Du Dir bereits jetzt merken, dass sich der Vortrag stets folgendermaßen gliedert:

1. Kurze Einleitung

2. Sachverhaltsschilderung

3. Kurzvorschlag

4. Rechtliche Würdigung

5. Abschließender Entscheidungsvorschlag

29 Zerbreche nicht, wenn Du das Examen endgültig nicht bestehst

Beim ersten Examensdurchgang **hat es nicht gereicht** und Du hast die schriftliche Prüfungsleistung nicht bestanden. Nach einem kleinen Tief bist Du anschließend mit viel Hoffnung und voller Elan in den Ergänzungsvorbereitungsdienst gestartet und warst Dir sicher, dass es diesmal geklappt hat – und doch wird Dir nun bescheinigt, dass es erneut nicht gereicht hat. Das 2. Examen ist **endgültig nicht bestanden**.

Ist man auch bei der Wiederholung des Staatsexamens durchgefallen, wird man aus dem Referendariat **entlassen**. Man besucht also keine Arbeitsgemeinschaften mehr, hat keinen Einzelausbilder und erhält keine Unterhaltsbeihilfe.

» Widerspruch / Klage beim Verwaltungsgericht

Hinsichtlich der Einsichtnahme in die Klausuren sowie das mögliche Einlegen eines Widerspruchs gegen die Bewertung einzelner Klausuren gilt das bereits oben im Falle des erstmaligen Durchfallens Gesagte. Beim zweiten Versuch sind natürlich die Überlegungen hierzu noch viel bedeutsamer, da das Vorgehen gegen das Prüfungsergebnis nunmehr zum **Griff nach dem letzten Strohhalm** wird.

Hast Du erfolglos Widerspruch erhoben, bleibt allein noch die Möglichkeit, **Klage vor dem Verwaltungsgericht** zu erheben. Statthafte Klageart ist dabei die Verpflichtungsklage nach § 74 Abs. 2 VwGO, die auf eine Neubewertung der Prüfung unter Beachtung der Rechtsauffassung des Gerichts gerichtet ist. Berücksichtigen musst Du selbstverständlich auch hier die weiteren Kosten, wie die **Gerichts- und etwaige Anwaltskosten.**

Dem Verfahren auf Überprüfung der Bewertung des 2. Staatsexamens legen die Gerichte dabei einen **Gegenstandswert von 15.000 Euro** zugrunde.

» Der 3. Versuch („Gnadenversuch")

Es besteht zudem die Möglichkeit, beim Prüfungsamt zu beantragen, das Examen zum 3. Mal ablegen zu dürfen. Umgangssprachlich wird dieser letzte Versuch als **„Gnadenversuch"** bezeichnet.

Die gute Nachricht: Ein solcher "Gnadenversuch" **ist in den Prüfungsordnungen aller Länder** vorgesehen. Allerdings unterscheiden sich die Regelungen inhaltlich voneinander. Zum Teil muss man beispielsweise in der ersten Wiederholungsprüfung einen bestimmten Punkteschnitt erreicht haben, um einen Antrag stellen zu können oder es muss **eine außergewöhnliche Beeinträchtigung des Referendars** im zweiten Prüfungsverfahren vorgelegen haben. Inwieweit Deinem Antrag tatsächlich stattgegeben wird, insbesondere ob dies nur eine Formalie ist oder ob das Vorliegen der Voraussetzungen streng geprüft wird, ist ungewiss.

Beispiele für die Voraussetzungen eines Gnadenversuchs

Wie unterschiedlich die Voraussetzungen in den Justizprüfungsordnungen der Länder ausgestaltet sind, insbesondere ob konkrete Kriterien genannt oder die Kriterien „generalklauselartig" formuliert sind, zeigt ein Vergleich der Regelungen der Länder Berlin, Mecklenburg-Vorpommern und dem Saarland:

In Berlin ist nach § 32 II JAO ein Antrag auf eine zweite Wiederholung der zweiten juristischen Staatsprüfung innerhalb von drei Monaten nach Bekanntgabe des Ergebnisses der Wiederholungsprüfung zu stellen. Eine hinreichende Aussicht auf Erfolg gemäß § 17 Abs. 5 Satz 2 des

Berliner Juristenausbildungsgesetzes besteht nicht, wenn in der Wiederholungsprüfung ein niedrigerer Punktdurchschnitt als 3,0 erzielt worden ist.

Für Mecklenburg-Vorpommern bestimmt § 16 JAG, dass im Ausnahmefall die Zweite juristische Staatsprüfung nochmals wiederholt werden kann.

Für das Saarland regelt § 34 Abs. 1 JAG: Wer die Prüfung bei dem in § 2 bezeichneten Landesprüfungsamt für Juristen bei der Wiederholung nicht bestanden hat, darf sie auf Antrag in besonderen Ausnahmefällen ein zweites Mal wiederholen, wenn seine bisherigen Leistungen erwarten lassen, dass er die Prüfung nach weiterer Vorbereitung bestehen wird.

Eine Übersicht zu den Vorschriften aller 16 Bundesländer findest Du auf der Seite http://www.protokolle-assessorexamen.de/wiederholung-gnadenversuch.php

» Berufliche Möglichkeiten ohne das 2. Examen

Sollten Widerspruch, Klageverfahren und Gnadenversuch nicht in Betracht kommen oder erfolglos sein, musst Du Dich zu gegebener Zeit zwangsläufig damit befassen, wie es nun **beruflich weitergehen** soll. Idealerweise wartest Du damit nicht bis zum letzten Moment, sondern informierst Dich frühzeitig, was für Möglichkeiten sich Dir auf dem Arbeitsmarkt allein mit dem 1. Examen bieten.

Auch wenn Du nicht als Volljurist arbeiten kannst und Dir damit das klassische Berufsfeld des Anwalts oder auch eine Tätigkeit als Richter oder Staatsanwalt verwehrt bleibt, so gibt es dennoch **viele Möglichkeiten**, auch ohne das 2. Examen beruflich durchzustarten.

Setze Dich nur einmal intensiv mit den Stellenangeboten auseinander und investiere etwas Zeit. Besonders in der freien Wirtschaft ergeben sich berufliche Möglichkeiten, **beispielsweise als Sachbearbeiter**. Hier lohnt der Blick auf Wirtschaftsprüfungsgesellschaften, Rechtsabteilungen, Unternehmensberatungen oder die Versicherungsbranche. Auch der öffentliche Dienst ist Dir nicht gänzlich verwehrt und der gehobene öffentliche Dienst, insbesondere in **Stadtverwaltungen oder der Agentur für Arbeit**, kann eine Option auf dem Arbeitsmarkt darstellen.

» Weiterbildung oder fachliche Umorientierung

Noch einmal studieren? Auf keinen Fall. Das mag Dir im ersten Moment durch den Kopf gehen, wenn wir Dir vorschlagen, vielleicht auch einmal über einen Masterstudiengang nachzudenken. Damit meinen wir nicht unbedingt den klassischen LL.M., sondern vielmehr **wirtschaftswissenschaftliche (Aufbau-)Studiengänge**, die Dir eine zusätzliche Qualifikation bringen und mitunter sogar neben dem Beruf absolviert werden können. Für Absolventen, die lediglich das 1. Examen aufweisen können, gilt umso stärker, dass sie sich ihre **Nischen suchen** müssen und eine Verknüpfung mit wirtschaftlichen Kenntnissen kann für Dich insofern sehr gewinnbringend sein.

Auch ein komplett neuer **(Bachelor-)Studiengang**, bei dem Du Dir einige Scheine aus dem Jurastudium gegebenenfalls sogar anrechnen lassen kannst, kann eine Option sein, wenn Du eine weitere akademische Qualifikation erlangen möchtest. Natürlich kommt dabei auch eine Umschulung in einen absolut jurafremden Bereich in Betracht, sofern Du entsprechende Kenntnisse vorweisen kannst und der Juristerei am liebsten dauerhaft Lebewohl sagen möchtest.

Insbesondere der Marketingbereich bietet Quereinsteigern aus verschiedenen Fachrichtungen oftmals gute Einstiegsmöglichkeiten.

> **Kommerzielle Berater für Juristen ohne 2. Examen**
>
> Lediglich der Vollständigkeit halber möchten wir an dieser Stelle darauf hinweisen, dass es auch kommerzielle Unternehmen gibt, die Juristen beraten, die das 2. Staatsexamen endgültig nicht bestanden haben. So zum Beispiel das Unternehmen „Staatsexamen Plan B", das unter anderem damit wirbt, „Informationen und Unterstützung im Zusammenhang mit der maximalen Verwertung des bereits absolvierten rechtswissenschaftlichen Studiums" zu liefern.
>
> Zur Qualität sowie zum Preis-Leistungsverhältnis einer solchen Beratung können wir keine Aussagen treffen.

Abschnitt 4

» Weitere Tipps & Hinweise

für die Zeit nach dem Referendariat

30 Melde Dich rechtzeitig arbeitssuchend bzw. arbeitslos

Mit bestandener mündlicher Prüfung endet der juristische Vorbereitungsdienst. Der große Vorteil der Ausgestaltung des Referendariats als **öffentlich-rechtliches Ausbildungsverhältnis** ist, dass man bis zum Start in den ersten Job als Volljurist einen Anspruch auf Arbeitslosengeld (**ALG 1**) hat, welches zumindest dazu ausreichen sollte, die weiterlaufenden Kosten wie zum Beispiel die Miete zu decken.

Früher war das anders. Da wurden Rechtsreferendare in allen Ländern noch als „**Beamte auf Widerruf**" eingestellt.[*] Zwar führte dies dazu, dass die Netto-Besoldung der Referendare während des Vorbereitungsdienstes höher ausfiel als heutzutage. Jedoch zahlten die Länder für die Referendare keine Beiträge zur Arbeitslosenversicherung mit der Folge, dass man nach Beendigung des Referendariats lediglich Sozialhilfe (heute: **ALG 2**) beantragen konnte.

» Rechtzeitige Meldung bei der Arbeitsagentur erforderlich

Voraussetzung für den Bezug von Arbeitslosengeld ist, dass man sich **rechtzeitig** bei der Agentur für Arbeit arbeitssuchend gemeldet hat. Hierzu genügt es nicht, sich einfach nach Beendigung der Ausbildung zu melden. Vielmehr ist es nach **§ 38 SGB III** grundsätzlich die Pflicht des

---

[*] Thüringen war das letzte Bundesland, das Referendare bis Mitte 2016 noch als Beamte auf Widerruf ernannt hat.

Arbeitssuchenden, „sich innerhalb von drei Tagen nach Kenntnis des Beendigungszeitpunktes zu melden".

Es ist allerdings fraglich, wann man als Rechtsreferendar die **Kenntnis vom Beendigungszeitpunkt** – der die 3-Tages-Frist auslöst – erlangt. Frühestmöglicher Zeitpunkt der Kenntniserlangung im Sinne des SGB III ist in jedem Fall der **Erhalt der Ladung**, mit der man seinen Termin zur mündlichen Prüfung genannt bekommt. Auch wenn man nicht wie ein Orakel vorausschauen kann, ob man denn die mündliche Prüfung tatsächlich besteht (theoretisch ist ja alles möglich und gerade nervöse Prüflinge neigen dazu, sich „Horrorszenarien" auszumalen), ist man auf der sicheren Seite, wenn man sich innerhalb von drei Tagen nach Erhalt des Briefs bei der Arbeitsagentur meldet.

Nun hat man nach Erhalt der Ladung ja natürlich viel Wichtigeres zu tun, als zur zuständigen Arbeitsagentur zu gehen, Formulare auszufüllen und sich arbeitssuchend zu melden. Protokolle müssen besorgt und durchgearbeitet werden und Dank des nun bekannten Prüfungstermins steigt das Stresslevel. Daher verpassen viele Referendare die **3-Tages-Frist** nach Erhalt der Ladung und melden sich erst danach – zum Teil auch erst nach der bestandenen mündlichen Prüfung – offiziell bei der Arbeitsagentur. Die Sachbearbeiter in den Arbeitsagenturen reagieren in der Regel auf eine solche späte Meldung mit der **Verhängung einer Sperrzeit** von einer Woche, in der der Anspruch auf Arbeitslosengeld ruht (§ 159 Abs. 1 Nr. 7, Abs. 6 SGB III).

Gegen die Verhängung einer solchen Sperrzeit sollte man aber in jedem Fall **Widerspruch** einlegen. Im Rahmen des Widerspruchs kann man auf das Urteil des Landessozialgerichts Bayern (Urteil vom 27.01.2015 – Az.: L 10 AL 382/13) Bezug nehmen: Das Gericht führte in seiner Entscheidung aus, der in der Ladung zur mündlichen Prüfung genannte Termin sei **lediglich ein vorläufiger Termin**, der durchaus noch verschoben werden könne. Die 3-Tages-Frist beginne daher für

Rechtsreferendare erst mit dem Tag der mündlichen Prüfung und der Verkündung des Prüfungsergebnisses durch den Prüfungsvorsitzenden. Folgt man dieser Entscheidung, ist also auch eine Meldung erst nach absolvierter mündlicher Prüfung nicht zu spät.

Höhe des Arbeitslosengeldanspruchs:

In der Regel erhält man 60 % des durchschnittlich bezogenen Netto-Lohns als Arbeitslosengeld. Hat man ein Kind, für das Kindergeld bezogen wird, erhält man den erhöhten Leistungssatz von 67 %. Bei Rechtsreferendaren ist demnach die Netto-Unterhaltsbeihilfe die Bezugsgröße für das spätere Arbeitslosengeld.

Ein „kreativer" Jurist forderte die Arbeitsagentur nach Beendigung seines Vorbereitungsdienstes auf, der Berechnung des ALG 1 nicht die geringe Unterhaltsbeihilfe zugrunde zu legen, sondern das mögliche erzielbare Einkommen als Richter. Nachdem die Arbeitsagentur dieser Forderung nicht nachkam, erhob er sogar Klage. Das LSG Sachsen-Anhalt wies aber die Klage – wenig überraschend – ab, da es keine Rechtsgrundlage für eine solche fiktive Berechnung gebe (Urteil vom 24. Mai 2012 – Az.: L 2 AL 82/09). Die Nichtzulassungsbeschwerde beim Bundessozialgericht wurde dann vom BSG mangels ordnungsgemäßer Begründung verworfen.

» *Beginn des Anspruchs auf Arbeitslosengeld*

Problematisch ist zudem, **ab welchem Zeitpunkt** man Arbeitslosengeld vom Staat erhält. Denn in vielen Ländern erhält man im Monat der mündlichen Prüfung die gesamte Unterhaltsbeihilfe, obwohl das Referendariat ja bereits am Tag der mündlichen Prüfung mit der Verkündung des Prüfungsvorsitzenden endete.

Die Arbeitsagenturen nehmen diese Zahlung der Unterhaltsbeihilfe gerne mal als Anlass, Arbeitslosengeld **erst ab dem 01. des Folgemonats** zu bewilligen. Im Zeitraum vom Tag der mündlichen Prüfung bis zum Ende des angebrochenen Monats ruhe der Arbeitslosengeldanspruch nach § 157 Abs. 1 SGB III.

> **§ 157 Abs. 1 SGB III lautet:**
>
> „Der Anspruch auf Arbeitslosengeld ruht während der Zeit, für die die oder der Arbeitslose Arbeitsentgelt erhält oder zu beanspruchen hat."

Unser Tipp für Dich: Wehre Dich auch gegen diesen verspäteten Beginn der Zahlung des Arbeitslosengelds und berufe Dich auf die **Entscheidung des Landessozialgerichts Hamburg** (Urteil vom 26.09.2007 – Az.: S 2 AL 783/06). Das Gericht führte in dieser Entscheidung aus, dass die Unterhaltsbeihilfe erkennbar nur für den Zeitraum bis zum Tag der mündlichen Prüfung an den Referendar gezahlt wird. Dies ergebe sich aus der Vergütungsmitteilung, der Lohnsteuerbescheinigung sowie der Meldebescheinigung des Landesamtes für Besoldung und Versorgung. Die Regelung der **§ 157 Abs. 1 SGB III** sei daher bereits **nicht einschlägig**.

Hat man also beispielsweise am 11. eines Monats seine mündliche Prüfung, zahlt das Land in der Regel am Anfang des Monats noch die gesamte Unterhaltsbeihilfe aus und der Anspruch auf Arbeitslosengeld beginnt – trotz dieser Zahlung – bereits am 12. des Monats.

31 Mache Deine gebrauchten Bücher zu Geld

Nach dem Referendariat hat man für die vielen Bücher und Kommentare, die man sich während des juristischen Vorbereitungsdienstes angeschafft hat, **keine Verwendung mehr**. Juristen, die gerade erst mit ihrem Referendariat begonnen haben, sind aber stets auf der Suche nach günstigen gebrauchten Büchern. Daher unser Tipp: Lasse Deine Bücher nicht im Regal verstauben, sondern **mache Deine gebrauchten Skripte und Kommentare zu Geld!**

» Ankauffunktion im Referendarbuchladen

Um Dir den Verkauf Deiner Bücher so einfach wie möglich zu machen, haben wir eine **Ankauffunktion im Referendarbuchladen** integriert. Du erreichst diese unter http://www.referendarbuchladen/ankauf.php.

Auf der Seite kannst Du einfach die zu verkaufenden Bücher aus einer Liste auswählen. Nachdem Du jeweils den **äußeren Zustand** nach Schulnoten bewertet und Angaben dazu gemacht hast, ob **Markierungen, Unterstreichungen oder Anmerkungen** im Buch vorhanden sind, erhältst Du mit einem einzigen Klick sofort unseren Ankaufspreis für Deine Bücher angezeigt. Mit unserer Ankauffunktion entfällt somit das aufwendige Fotografieren, Beschreiben und Einstellen eines jeden Buchs auf einer Verkaufsplattform wie eBay oder Amazon.

Deine Vorteile auf einen Blick:

• Kein mühsames Einstellen aller Bücher auf Auktionsplattformen

• Keine Verkaufsgebühren wie bei eBay oder Amazon

• Wenig Aufwand: Nur ein Paket mit allen Büchern an uns statt einer Vielzahl an Sendungen an unterschiedliche Käufer

• Bei Verkauf von fünf Büchern oder mehr übernehmen wir die Versandkosten für das DHL-Paket

Bitte mache aber auf jeden Fall **realistische Angaben** beim Einstellen Deiner gebrauchten Bücher. Es kommt vor, dass uns Skripte in sehr gutem Zustand ohne Gebrauchsspuren („wie neu") angekündigt werden, wir aber nach dem Auspacken feststellen müssen, dass diese angeblich neuwertigen Bücher ganz offensichtlich dem Referendar täglich als Frühstücksbrettchen und Untersetzer seiner Kaffeetasse gedient haben. Bei einer solchen Diskrepanz zwischen der Beschreibung durch den Referendar einerseits und dem tatsächlichen Zustand der Skripte und Kommentare andererseits unterbreiten wir **kein angepasstes Gegenangebot**, sondern senden die Bücher einfach an den Absender zurück.

» Gutes Geld für Deine gebrauchten Bücher

Für Deine gebrauchten Bücher zahlen wir einen **guten Ankaufspreis**. So führen wir regelmäßig Vergleiche mit anderen Portalen durch, die ebenfalls gebrauchte Bücher ankaufen. Dabei zeigt sich, dass wir in aller Regel einen deutlich höheren Ankaufspreis zahlen als zum Beispiel ReBuy.

Erstattung der tatsächlich gezahlten Versandkosten

Verkaufst Du an uns fünf Bücher oder mehr, dann fallen wir für Dich keine Versandkosten an. Wir übernehmen das Porto für ein DHL-Paket (6,99 Euro für Pakete bis zu 5 Kilogramm; bei schwereren Paketen teile uns bitte das von Dir gezahlte Porto per E-Mail mit).

Den Ankaufspreis überweisen wir Dir umgehend nach Kontrolle der Bücher auf die von Dir genannte Kontoverbindung. Du hast den Ankaufspreis somit **einen Tag nach Erhalt des Pakets** auf Deinem Konto.

32 Wage den Verbesserungsversuch

Hast Du das 2. Examen zwar bestanden, bist aber mit der erreichten Punktzahl bzw. der Notenstufe unzufrieden, stellt sich unweigerlich die Frage, ob es nicht sinnvoll ist, einen **Verbesserungsversuch** zu unternehmen. Mit diesem Kapitel möchten wir Dich dazu motivieren, im Zweifel einen Verbesserungsversuch zu wagen.

» *Überwinde Deinen „inneren Schweinehund"*

Das Gute vorweg: Inzwischen ist ein Verbesserungsversuch im 2. Examen **in jedem Bundesland möglich**. Nachdem anfangs nur sehr wenige Länder den Referendaren die Möglichkeit boten, durch das erneute Schreiben des Examens ihr Ergebnis nach oben zu korrigieren, haben inzwischen alle Länder einen Verbesserungsversuch eingeführt.

Zugegebenermaßen fällt es vielen Volljuristen schwer, sich nach dem stressigen und nervenaufreibenden Examen dazu zu motivieren, sich erneut auf das schriftliche Examen vorzubereiten und die Klausuren zu schreiben. Es ist verständlich, dass man am liebsten mit den juristischen Examina endgültig abschließen und in das Berufsleben starten möchte. In einer solche Situation muss man sich aber klarmachen, dass der Verbesserungsversuch – im wahrsten Sinne – eine **einmalige, nicht wiederkehrende Gelegenheit** ist, die Note im 2. Examen zu erreichen, die man sich selbst vorstellt.

Insoweit muss man sich auch die **Wichtigkeit des 2. Staatsexamens** für den Einstieg in das Berufsleben sowie bei späteren Jobwechseln verdeutlichen: Gerade weil das Ergebnis des 1. Staatsexamens aufgrund seiner akademischen Natur nicht selten bei den Entscheidern in der Praxis eine untergeordnete Rolle spielt[*], werden die **Bewerber vor allem an der im 2. Examen erzielten Note** gemessen. Je besser man im 2. Examen abschneidet, umso leichter wird einem der Berufseinstieg im Allgemeinen und das Ergattern des persönlichen Wunschjobs im Speziellen fallen.

Dementsprechend sollte die **Überwindung des „inneren Schweinehunds"** den ehemaligen Referendaren etwas leichter fallen, die einen klaren Berufswunsch haben, der aber nur mit einer bestimmten Examensnote verwirklicht werden kann. Hierzu zählen generell die Berufe im Staatsdienst, unabhängig davon, ob es um die Karriere als **Richter, Staatsanwalt oder im Öffentlichen Dienst** geht, sowie auch die ambitionierten Stellen in der Anwaltschaft, sei es in Großkanzleien oder spezialisierten Boutiquen.

Schließlich sollte man nicht unterschätzen, dass der **Verzicht auf den eigentlich gewollten Verbesserungsversuch** dazu führen kann, dass man die Entscheidung – ggf. mit der dann getroffenen Berufswahl – immer wieder einmal bereut. Wir kennen zwei Juristen, die sich trotz des eigentlichen Berufswunschs Richter nicht motivieren konnten, erneut für das Examen zu lernen. Beide arbeiten seit Jahren erfolgreich als Rechtsanwalt; immer mal wiederkommt aber bei beiden der Gedanke auf *„Hätte ich doch damals mal...".*

» Zeitlicher und finanzieller Aufwand

Selbstverständlich muss man sich vor der Entscheidung für das Angehen eines Verbesserungsversuchs den **zeitlichen und finanziellen Aufwand**

---

[*] Eine Abwertung hat das 1. Examen mit Sicherheit auch durch die Einführung der universitären Schwerpunktbereichsprüfungen erfahren, deren – absolut nicht miteinander vergleichbaren – Ergebnisse in die Examensgesamtnote mit einfließt.

bewusst machen. Je nachdem, wie häufig in dem Bundesland, in dem man das Referendariat absolviert hat, die Klausuren für das 2. Examen geschrieben werden, muss man für einen vollständigen Verbesserungsversuch – inklusive Vorbereitungszeit, schriftlichem Examen sowie mündlicher Prüfung – **durchaus ein Jahr einplanen**. In dieser Zeit erhält man keine Unterhaltsbeihilfe mehr; die monatlichen Lebenshaltungskosten laufen aber unvermindert weiter.

Zwar hat man als Referendar einen **Anspruch auf Arbeitslosengeld** (ALG I), da Teile der Unterhaltsbeihilfe durch das Land an die Arbeitslosenversicherung abgeführt wurden. Voraussetzung für den Bezug von ALG I ist jedoch, dass man auch für den Arbeitsmarkt **zur Verfügung steht**, regelmäßig Bewerbungen schreibt[*] und ggf. einen angebotenen Job annimmt. Somit scheidet die Finanzierung dieser Zeit durch das Arbeitslosengeld grundsätzlich aus.

> **Tipp: Spiele bei der Arbeitsagentur mit offenen Karten**
>
> Auch wenn streng genommen der Bezug von Arbeitslosengeld zur Finanzierung des Verbesserungsversuchs aus den genannten Gründen ausscheidet, sollte man das Thema in jedem Fall mit seinem Sachbearbeiter offen besprechen. Wir hören immer mal wieder, dass (kompetente) Mitarbeiter der Arbeitsagentur darum wissen, wie wichtig eine gute Note im 2. Examen für den Berufseinstieg ist, und die Vorbereitung auf den Verbesserungsversuch während des ALG I–Bezugs zuließen. Auch in unserem Forum „Zur letzten Instanz" gibt es entsprechende Erfahrungsberichte:
>
> „Ich kenne es von Bekannten so, dass – gerade weil der Verbesserungsversuch ja auch relativ zeitig schon festgelegt ist und auch nicht sooo

---

[*] In der Regel wird als Minimum das Schreiben von zwei Bewerbungen pro Woche verlangt. Die Rechtsprechung hält diese Anzahl an Bewerbungen auch für zumutbar: Vgl. LSG Rheinland-Pfalz, Urteil v. 16.12.2014 – Az.: L 3 AS 505/13.

weit entfernt ist – man bei der Arbeitsagentur da eigentlich auf Verständnis stößt. Wenn direkt gesagt wurde, dass man sich auf den Verbesserungsversuch vorbereitet, der in Monat X ist, wurden da auch alle für die Zeit "in Ruhe gelassen" und mussten sich nicht bewerben. Die Arbeitsagentur hat bei einem Bekannten nach dem Examen sogar selbst gefragt, ob er nicht über den Verbesserungsversuch nachdenkt und den noch machen möchte."

Hinzu kommen die **Gebühren**, die man für das Absolvieren des Verbesserungsversuchs zahlen muss und die je nach Bundesland bis zu 740 Euro betragen können.

	Gebühr
Baden-Württemberg	500 Euro
Bayern	kostenlos
Berlin/Brandenburg	600 Euro
Bremen/Hamburg/Schleswig-Holstein	740 Euro
Hessen	500 Euro
Mecklenburg-Vorpommern	600 Euro
Niedersachsen	400 Euro
NRW	600 Euro
Rheinland-Pfalz	400 Euro
Saarland	400 Euro

Sachsen	450 Euro
Sachsen-Anhalt	400 Euro
Thüringen	500 Euro

Dabei kann es durchaus ratsam sein, sich – auch bei gewissen Zweifeln – zunächst verbindlich für den Verbesserungsversuch anzumelden und sich durch Einhalten der Frist einen Platz in einem bestimmten Klausurtermin zu sichern. Entscheidet man sich zu einem späteren Zeitpunkt dann doch gegen das nochmalige Schreiben der Klausuren, kann man seinen **Rücktritt vom Verbesserungsversuch** erklären und erhält einen großen Teil der bereits gezahlten Gebühren zurück.

Schließlich muss man sich auch für die Klausuren erneut mit den neuesten Kommentaren und Gesetzestexten eindecken, was ebenfalls bei der finanziellen Kalkulation zu berücksichtigen ist.

Tipp: 20 Euro Rabatt für Wiederholer

Wenn Du für Deinen Verbesserungsversuch die Examenskommentare auf unserer Seite www.juristenkoffer.de mietest und im Feld „Anmerkungen zur Bestellung" auf den Sonder-Rabatt für Leser des Buchs „99 Tipps und Hinweise für ein erfolgreiches Rechtsreferendariat" hinweist, gewähren wir Dir 20 Euro Rabatt auf den Mietpreis Deines Juristenkoffers!

» *Motivierende Zahlen*

Auch die **Statistiken zum Verbesserungsversuch** sollten jeden Juristen dazu ermutigen, sich für das nochmalige Schreiben der Klausuren zu motivieren. Zwar veröffentlichen lediglich die Justizprüfungsämter von NRW und Niedersachsen regelmäßig Zahlen zu den Ergebnissen der Notenverbesserer; diese veröffentlichten Zahlen sprechen aber in jedem Fall dafür, einen Verbesserungsversuch zu unternehmen.

(1) Nordrhein-Westfalen

So haben im Jahr 2016 von den 376 Kandidaten, die ihren Notenverbesserungsversuch bestanden haben, lediglich ca. 20 % sich nicht verbessern können. Ca. 38 % der Kandidaten haben sich zumindest **im Punktwert verbessert**. Und ca. 42 % der Kandidaten – also 157 Juristen – schafften sogar einen **Notensprung**:

	Anzahl Kandidaten
Von ausreichend auf befriedigend	103
Von ausreichend auf vollbefriedigend	7
Von befriedigend auf vollbefriedigend	46
Von vollbefriedigend auf gut	1

Im Jahr 2015 waren es sogar knapp 50 %, die letztlich durch den Verbesserungsversuch einen Notensprung schafften!

(2) Niedersachsen

In Niedersachsen haben 69 Referendare ihren Verbesserungsversuch durchgezogen und mit der mündlichen Prüfung abgeschlossen. Lediglich zehn erreichten im Vergleich zum ersten Versuch keine Verbesserung; 59 Kandidaten konnten sich dagegen **punktemäßig verbessern**. Und immerhin 34 Juristen schafften einen **Notensprung**, was eine sehr gute Erfolgsquote von 49 % ergibt.

Anzahl Kandidaten

Von ausreichend auf befriedigend	26
Von ausreichend auf vollbefriedigend	1
Von befriedigend auf vollbefriedigend	7